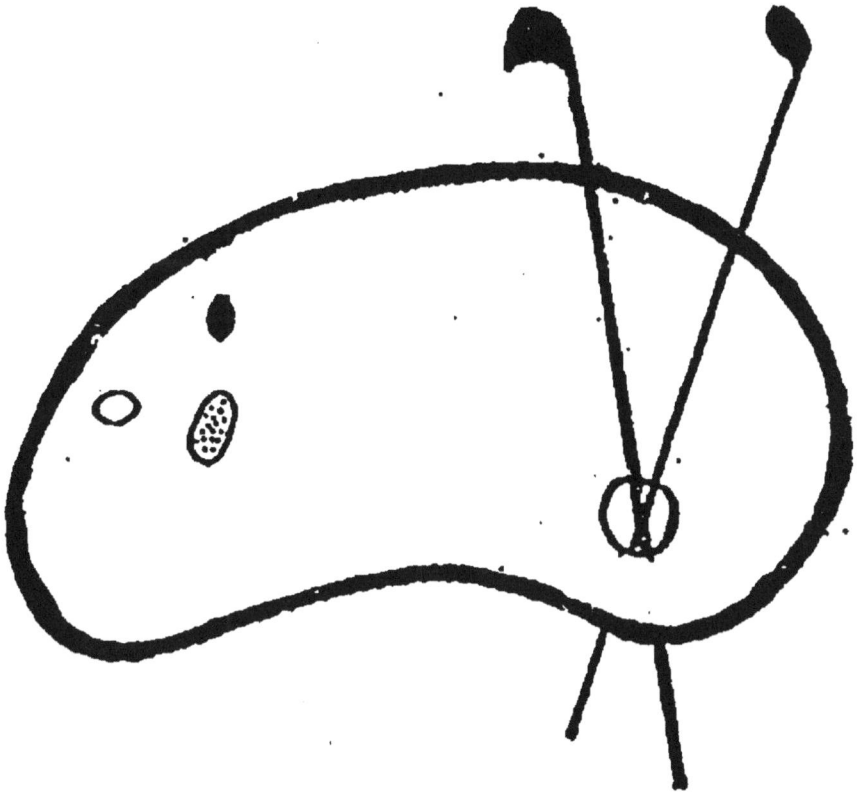

DEBUT D'UNE SERIE DE DOCUMENTS
EN COULEUR

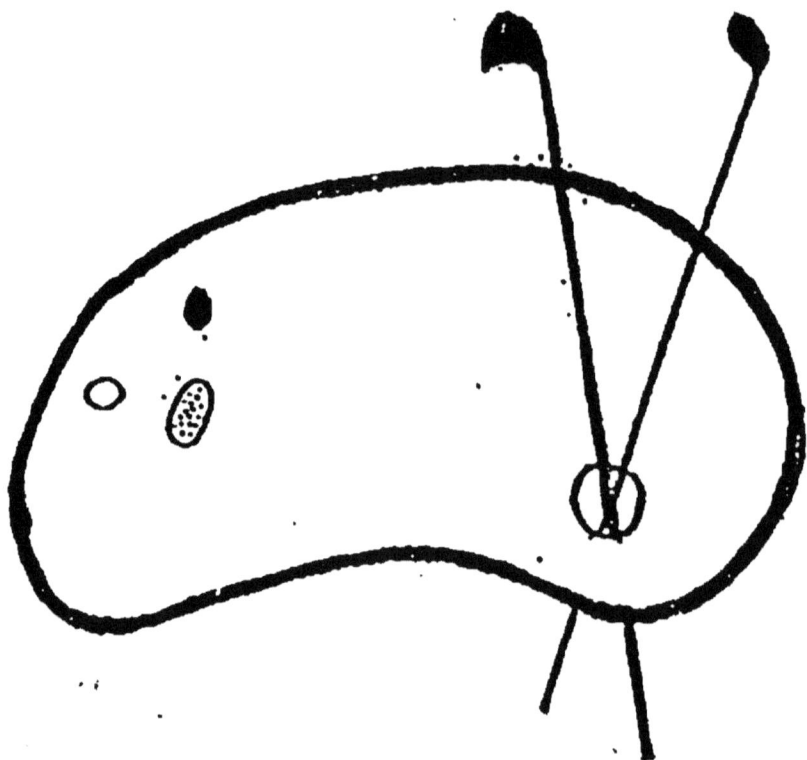

FIN D'UNE SERIE DE DOCUMENTS
EN COULEUR

LA MORALE EN ACTION

2ᵉ SÉRIE IN-8°.

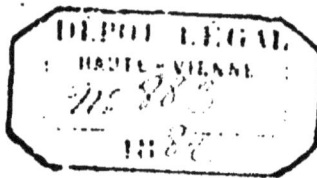

LA
MORALE

EN ACTION

DES PETITES FILLES

EXTRAITE DE BERQUIN.

LIMOGES

EUGÈNE ARDANT ET Cⁱᵉ, ÉDITEURS.

LA

MORALE EN ACTION

DES PETITES FILLES

LA PETITE FILLE GROGNON.

O vous, enfants, qui avez eu le malheur de contracter une habitude vicieuse ! c'est pour votre consolation et pour votre encouragement que je vais raconter l'histoire suivante. Vous y verrez qu'il est possible de se corriger, lorsqu'on en prend au fond de son cœur la courageuse résolution.

Rosalie, jusqu'à sa septième année, avait été la joie de ses parents. A cet âge, où la lumière naissante de la raison commence à nous découvrir la laideur de nos défauts, elle en avait pris un, au contraire, qu'on ne peut

mieux vous peindre qu'en vous rappelant
ces petits chiens hargneux qui grognent sans
cesse, et qui semblent toujours prêts à se jeter
sur vos jambes pour les déchirer.

Si l'on touchait, par mégarde, à quelqu'un
de ses joujoux, elle vous regardait de travers,
et murmurait un quart d'heure entre ses
dents.

Lui faisait-on quelque léger reproche? elle
se levait, trépignait des pieds, renversait les
chaises et les fauteuils.

Son père, sa mère, personne, dans la maison, ne pouvait plus la souffrir.

Il est bien vrai qu'elle se repentait quelquefois de ses fautes. Elle répandait même
souvent des larmes secrètes, en se voyant devenue un objet d'aversion pour tout le monde,
jusqu'à ses parents; mais l'habitude l'empor-
tait bientôt, et son humeur devenait de jour
en jour plus acariâtre.

Un soir (c'était la veille du jour des étren-
nes), elle vit sa mère qui passait dans son appartement, en portant une corbeille sous sa
pelisse.

Rosalie voulait la suivre; madame de Fou-

gères lui ordonna de rentrer dans le salon.
Elle prit à ce sujet la mine la plus grogneuse
qu'elle eût jamais eue, et ferma la porte si ru-
dement, qu'on entendit craquer tous les vitra-
ges des croisées.

Une demi-heure après, sa mère lui fit dire
de passer chez elle. Quelle fut sa surprise de
voir la chambre éclairée de vingt bougies, et
la table couverte des joujoux les plus brillants! Elle ne put proférer une parole, transportée, comme elle l'était, de joie et d'admiration.

— Approche, Rosalie, lui dit sa mère, et
lis sur ce papier pour qui toutes ces choses
sont destinées.

Rosalie s'approcha, et vit au milieu de ces
joujoux un billet ouvert. Elle le prit, et y lut,
en grosses lettres, les mots suivants :

POUR UNE AIMABLE PETITE FILLE, EN RÉ-
COMPENSE DE SA DOUCEUR.

Elle baissa les yeux, et ne dit mot.

— Eh bien! Rosalie, à qui cela est-il des-
tiné? lui dit sa mère.

— Ce n'est pas à moi, répondit Rosalie, et
les larmes lui vinrent aux yeux.

— Voici encore un autre billet, reprit madame de Fougères, vois s'il ne serait pas question de toi dans celui-ci.

Rosalie prit le billet, et lut :

POUR UNE PETITE FILLE GROGNON, QUI RECONNAÎT SES DÉFAUTS, ET QUI, EN COMMENÇANT UNE NOUVELLE ANNÉE, VA TRAVAILLER A S'EN CORRIGER.

— Oh! c'est moi, c'est moi, s'écria-t-elle, en se jetant dans les bras de sa mère, et en pleurant amèrement.

Madame de Fougères versa aussi des larmes, moitié de chagrin sur les défauts de sa fille, et moitié de joie sur le repentir qu'elle en témoignait.

— Allons, lui dit-elle après un moment de silence, prends donc ce qui t'appartient; et que Dieu, qui a entendu ta résolution, te donne la force de l'exécuter.

— Non, ma chère maman, répondit Rosalie; tout cela n'appartient qu'à la personne du premier billet. Gardez-le-moi jusqu'à ce que je sois cette personne. C'est vous qui me direz quand je le serai devenue.

Cette réponse fit beaucoup de plaisir à madame de Fougères. Elle rassembla aussitôt les joujoux, les mit dans une commode, et en présenta la clé à Rosalie, en lui disant :

— Tiens, ma chère fille, tu ouvriras la commode quand tu jugeras toi-même qu'il en sera temps.

Il s'était déjà écoulé près de six semaines, sans que Rosalie eût eu le moindre accès d'humeur.

Elle se jeta un jour au cou de sa mère, et lui dit d'une voix étouffée :

— Ouvrirai-je la commode, maman?

— Oui, ma fille, tu peux l'ouvrir, lui répondit madame de Fougères en la serrant tendrement dans ses bras. Mais, dis-moi donc, comment as-tu fait pour vaincre ainsi ton caractère?

— Je m'en suis occupée sans cesse, lui répliqua Rosalie. Il m'en a bien coûté; mais tous les matins et tous les soirs, cent fois dans la journée, je priais Dieu de soutenir mon courage.

Madame de Fougères répandit les plus douces larmes. Rosalie se mit en possession des joujoux, et, bientôt après, des cœurs de tous ses amis.

Sa mère raconta cet heureux changement en présence d'une petite fille qui avait le même défaut. Celle-ci en fut si frappée, qu'elle prit sur-le-champ la résolution d'imiter Rosalie, pour devenir aimable comme elle.

Ce projet eut le même succès. Ainsi, Rosalie ne fut pas seulement plus heureuse pour elle-même, elle rendit aussi heureux tous ceux qui voulurent profiter de son exemple.

Quel enfant bien né ne voudrait pas jouir de cette gloire et de ce bonheur?

CLÉMENTINE ET MADELON.

Avant que le soleil s'élevât sur l'horizon pour éclairer la plus belle matinée du printemps, la jeune Clémentine était descendue dans le jardin de son père, afin de mieux goûter le plaisir de déjeuner, en parcourant ses longues allées. Tout ce qui peut ajouter au charme qu'on éprouve dans ces premières heures du jour se réunissait pour elle en ce moment. Le souffle pur du zéphyr portait dans tous ses sens la fraîcheur et le calme. Son goût était flatté de la douceur des friandises qu'elle savourait; son œil, du tendre éclat de la verdure renaissante; son odorat, du parfum balsamique de mille fleurs; et pour que son oreille ne fût pas seule sans plaisirs, deux rossignols allèrent se percher près de là sur le sommet d'un berceau de verdure, pour la réjouir de leurs chansons de l'aurore. Clémentine était si transportée de toutes ces sensations délicieuses, que des larmes baignaient ses beaux yeux, sans s'échapper cependant de sa paupière. Son cœur, agité d'une douce émotion, était pénétré de sentiments de tendresse et de bienfaisance. Tout-à-coup elle fut interrompue dans son agréable rêverie par le bruit des pas d'une petite fille qui s'avançait vers la même allée, en mordant, de grand appétit, dans un morceau de pain bis.

Comme elle venait aussi dans le jardin pour se récréer, ses regards erraient sans objet autour d'elle; en sorte qu'elle arriva près de Clémentine sans l'avoir aperçue. Dès qu'elle

la reconnut, elle s'arrêta tout court un moment, baissa les yeux vers la terre, puis,
comme une jeune biche effarouchée, et non
moins légère, elle retourna précipitamment
sur ses pas.

— Arrête, arrête, lui cria Clémentine ; attends-moi donc, attends-moi ; pourquoi te sauver ? Ces paroles faisaient fuir encore plus vite
la petite sauvage.

Clémentine se mit à la poursuivre ; mais
comme elle était moins exercée à la course, il
ne lui fut pas possible de l'atteindre. Heureusement la petite fille avait pris un détour, et
l'allée où se trouvait Clémentine allait direc-
tement aboutir à la porte du jardin. Clémentine, aussi avisée que jolie, se glisse tout doucement le long de la charmille épaisse qui
formait la bordure de l'allée, et elle arrive au
dernier buisson à l'instant même où la petite
fille était prête à le dépasser. Elle la saisit à
l'improviste, en lui criant :

— Te voilà ma prisonnière ! Oh ! je te tiens !
il n'y a plus moyen de te sauver.

La petite fille se débattait pour se débarrasser de ses mains.

— Ne fais donc pas la méchante, lui dit
Clémentine; si tu savais le bien que je te
veux, tu ne serais pas si farouche. Viens, ma
chère enfant, viens un moment avec moi.

Ces paroles d'amitié, et plus encore le son
flatteur de la voix qui les prononçait, rassu-
rèrent la petite fille, et elle suivit Clémentine
dans un cabinet de verdure voisin.

— As-tu encore ton père? lui dit Clémentine, en l'obligeant de s'asseoir auprès d'elle.

— Oui, mamselle

— Et que fait-il?

— Toute sorte de métiers pour gagner sa
vie. Il vient aujourd'hui travailler à votre jardin, et il m'a menée avec lui.

— Ah! je le vois là-bas, dans le carré de
laitues. C'est le gros Thomas. Mais que man-
ges-tu à ton déjeuner? Voyons, que je goûte
ton pain. Ah! mon Dieu, il me déchire le gosier. Pourquoi ton père ne t'en donne-t-il pas
de meilleur?

— C'est qu'il n'a pas autant d'argent que
votre papa.

— Mais il en gagne par son travail; et il
pourrait bien te donner du pain blanc, ou

quelque chose pour faire passer celui-ci.

— Oui, si j'étais sa seule enfant : mais nous sommes cinq qui mangeons de bon appétit. Et puis l'un a besoin d'une camisole, l'autre d'une jaquette. Ça fait tourner la tête à mon père, qui dit quelquefois : J'aurai beau travailler, jamais je ne gagnerai assez pour nourrir et vêtir toute cette marmaille.

— Tu n'as donc jamais mangé de confitures ?

— Des confitures ? Qu'est-ce que c'est que ça ?

— Tiens, en voici sur mon pain.

— Je n'en avais jamais vu de ma vie.

— Goûtes-en un peu. Ne crains rien ; tu vois bien que j'en mange.

— Ah ! mamselle, que c'est bon !

— Je le crois ! Ma chère enfant, comment t'appelles-tu ?

— Madelon, pour vous servir.

— Eh bien ! ma chère Madelon, attends-moi ici un moment. Je vais demander quelque chose pour toi à ma bonne, et je reviens aussitôt. Ne t'en va pas, au moins.

— Oh ! je n'ai plus peur de vous !

Clémentine courut chez sa bonne, et la pria
de lui donner des confitures pour en faire
goûter à une petite fille qui n'avait que du
pain sec pour déjeuner. La bonne se réjouit
de la bienfaisance de son aimable élève. Elle
lui en donna dans une tasse, avec un petit
pain mollet; et Clémentine se mit à courir de
toutes ses jambes avec le déjeuner de Madelon.

— Eh bien ! lui dit-elle en arrivant, t'ai-je
fait longtemps attendre? Tiens, ma chère enfant, prends donc. Laisse là ton pain noir, tu
en mangeras assez une autre fois.

— C'est comme du sucre. Je n'avais jamais
rien mangé de si doux.

— Je suis charmée que tu le trouves bon.
J'étais bien sûre que cela te ferait plaisir.

— Comment! vous en mangez tous les
jours ? Nous ne connaissons pas ça, nous pauvres gens.

— J'en suis assez fâchée. Écoute, viens me
voir de temps en temps, je t'en donnerai. Mais
comme tu as l'air de te bien porter! N'es-tu
jamais malade?

— Malade? moi? jamais.

— N'as-tu jamais de rhume? N'es-tu jamais enchifrenée?

— Qu'est-ce que c'est que ce mal?

— C'est lorsqu'il faut tousser et se moucher sans cesse.

— Oh! ça m'arrive quelquefois, mais ce ne sont pas des maladies.

— Et alors te fait-on rester au lit?

— Ha! ha! ma mère ferait, je crois, un beau train, si je m'avisais de faire la paresseuse.

— Mais qu'as-tu à faire? Tu es si petite!

— Ne faut-il pas aller, dans l'hiver, ramasser du chardon pour notre âne, et du bois mort pour la marmite? Ne faut-il pas, dans l'été, sarcler les blés, ou glaner? cueillir les pommes et les raisins dans l'automne? Ah! mamselle, ce n'est pas l'ouvrage qui nous manque.

— Et tes sœurs, se portent-elles aussi bien que toi?

— Nous sommes toutes éveillées comme des souris.

— Ah! j'en suis bien aise! J'étais d'abord fâchée que Dieu semblât ne s'être pas embarrassé de tant de pauvres enfants; mais puisque vous avez la santé, je vois bien qu'il ne vous a pas oubliés. Je me porte bien aussi, quoique je ne sois pas sûrement aussi robuste que toi. Mais, ma chère enfant, tu vas nu-pieds ; pourquoi ne mets-tu pas de chaussure ?

— C'est qu'il en coûterait trop d'argent à mon père, s'il fallait qu'il nous en donnât à tous ; et il n'en donne à aucun.

— Et ne crains-tu pas de te blesser ?

— Je n'y fais seulement pas attention. Le bon Dieu m'a cousu des semelles sous la plante des pieds.

— Je ne voudrais pas te prêter les miens. Mais d'où vient que tu ne manges plus ?

— Nous nous sommes amusées à babiller, et il faut que j'aille ramasser de l'herbe. Il est bientôt huit heures. Notre bourrique attend son déjeuner.

— Eh bien ! emporte le reste de ton pain. Attends un peu. Je vais en ôter la mie, tu mettras la confiture dans le creux.

— Je vais le porter à ma plus jeune sœur. Oh ! elle ne fera pas la petite bouche, celle-là ! Elle n'en laissera pas une miette, quand elle aura commencé à le lécher.

— Je t'en aime davantage, d'avoir pensé à ta petite sœur.

— Je n'ai rien de bon sans lui en donner. Adieu, mamselle.

— Adieu, Madelon. Mais souviens-toi de revenir ici demain à la même heure.

— Pourvu que ma mère ne m'envoie pas ailleurs, je me garderai bien d'y manquer.

Clémentine avait goûté la douceur qu'on sent à faire le bien. Elle se promena quelque temps encore dans le jardin en pensant au plaisir qu'elle avait donné à Madelon, à la reconnaissance que Madelon lui en avait témoignée, et à la joie qu'aurait sa petite sœur de manger des confitures.

— Que sera-ce donc, se disait-elle, quand je lui donnerai des rubans et un collier? Maman m'en a donné l'autre jour d'assez jolis, mais la fantaisie m'en est déjà passée. Je chercherai dans mon armoire quelques chiffons pour la parer. Nous sommes de même taille; mes robes lui iront à ravir. Oh! qu'il me tarde de la voir bien ajustée!

Le lendemain, Madelon se glissa encore

dans le jardin. Clémentine lui donna des gâteaux qu'elle avait achetés pour elle.

Madelon ne manqua pas d'y revenir tous les jours. Clémentine ne songeait qu'à lui donner de nouvelles friandises. Lorsque ses épargnes n'y suffisaient pas, elle priait sa mère de lui donner quelque chose de l'office, et sa mère y consentait avec plaisir.

Il arriva cependant un jour que Clémentine reçut une réponse affligeante. Elle priait sa mère de lui faire une petite avance sur ses pensions de la semaine, pour acheter des bas et des souliers à Madelon, afin qu'elle n'allât plus nu-pieds.

— Non, ma chère Clémentine, lui répondit sa mère.

— Et pourquoi donc, maman?

— Je te dirai à table ce qui me fait désirer que tu sois un peu moins prodigue envers ta favorite.

Clémentine fut surprise de ce refus. Elle n'avait jamais tant soupiré que ce jour-là après l'heure du dîner. Enfin on se mit à table.

Le repas était déjà fort avancé, sans que sa mère lui eût dit la moindre chose qui eût trait à Madelon. Enfin un plat de chevrettes qu'on servit, fournit à madame d'Alençay l'occasion d'entamer ainsi l'entretien.

— Ah ! voilà le mets favori de ma Clémentine, n'est-il pas vrai ? Je suis bien aise qu'on nous en ait servi aujourd'hui.

— Oui, maman, j'aime beaucoup les chevrettes ; et voici la saison où elles sont excellentes.

— Je suis sûre que Madelon les trouverait encore meilleures que toi.

— Ah ! ma chère Madelon ! je crois qu'elle n'en a jamais vu. Si elle apercevait seulement ces longues moustaches, elle en aurait une peur, une peur ! Je la vois d'ici s'enfuir à toutes jambes. Maman, si vous vouliez me le permettre, je serais bien curieuse de voir la mine qu'elle ferait. Tenez, rien que deux pour elle, quand ce seraient les plus petites.

— J'ai de la peine à t'accorder ce que tu me demandes.

— Et pourquoi donc, maman, vous qui faites du bien à tant de monde ? Je vous ai aussi demandé ce matin un peu d'argent pour acheter des bas et des souliers à Madelon, et vous

m'avez refusée. Il faut que Madelon vous ait
fâchée. Est-ce qu'elle aurait fait quelque dé-
gât dans le jardin? Oh! je me charge de la
gronder.

— Non, ma chère Clémentine, Madelon ne
m'a point fâchée. Mais veux-tu, par ta bienfaisance envers elle, faire son bonheur ou son
malheur?

— Son bonheur, maman. Dieu me garde de
vouloir la rendre malheureuse.

— Je voudrais aussi de tout mon cœur la
voir plus fortunée, puisqu'elle a su mériter
ton attachement. Mais est-il bien vrai, Clémentine, qu'elle mange son pain tout sec à
déjeuner?

— C'est bien vrai, maman. Je ne voudrais
pas vous tromper.

— Comment? elle s'en est contentée jusqu'à
présent?

— Mon Dieu, oui! Et quand ce serait de la
frangipane, je ne la mangerais pas avec plus
de plaisir qu'elle né mange son pain bis.

— Il me paraît qu'elle a bon appétit. Mais
je ne puis me persuader qu'elle aille nu-pieds.

— C'est toujours nu-pieds que je l'ai vue. Démandez au jardinier.

— Elle se les met donc tout en sang, lors-qu'elle marche sur le sable et sur les cailloux?

— Point du tout. Elle court dans le jardin comme une biche; et elle dit en riant que le bon Dieu lui a cousu une paire de semelles sous la plante des pieds.

— Je sais que tu n'es pas menteuse; mais je t'avoue que j'ai bien de la peine à croire ce que tu me dis. Je voudrais bien voir les gri-maces que ferait ma Clémentine en mangeant du pain bis tout sec, sans beurre ni confitures.

— Oh! je sens qu'il me resterait au gosier.

— Je ne serais pas moins curieuse de voir comment elle s'y prendrait pour aller nu-pieds.

— Tenez, maman, ne vous fâchez pas; mais hier je voulus l'essayer. Étant seule dans le jardin, je tirai mes souliers et mes bas pour marcher pieds nus. Je les sentais tout meur-tris, et cependant je continuai d'aller. Je ren-contrai un tesson. Aye! cela me fit tant de mal, que je retournai tout doucement repren-dre ma chaussure, et je me promis bien de ne plus marcher les pieds nus. Ma pauvre Madelon! elle est cependant ainsi tout l'été.

— Mais d'où vient donc que tu ne peux manger de pain sec ni aller nu-pieds comme elle ?

— C'est peut-être que je n'y suis pas accoutumée.

— Mais si elle s'accoutume, comme toi, à manger des friandises, et à être bien chaussée, et qu'ensuite le pain sec lui répugne, et qu'elle ne puisse plus aller nu-pieds sans se blesser, croirais-tu lui avoir rendu un grand service?

— Non, maman; mais je veux faire en sorte que, de toute sa vie, elle ne soit plus réduite à cet état.

— Voilà un sentiment très-généreux : et tes épargnes te suffiront-elles pour cela?

— Oui bien, maman, si vous voulez y ajouter tant soit peu.

— Tu sais que mon cœur ne se refuse jamais à secourir un malheureux, lorsque l'occasion s'en présente. Mais Madelon est-elle la seule enfant que tu connaisses dans le besoin?

— J'en connais bien d'autres encore. Il y

on a deux surtout, ici près dans le village,
qui n'ont ni père ni mère.

— Et qui, sans doute, auraient besoin de
secours ?

— Oh! oui, maman.

— Mais si tu donnes tout à Madelon, si tu
la nourris de biscuits et de confitures, en laissant les autres mourir de faim, y aura-t-il
bien de la justice et de l'humanité dans cet
arrangement?

— De temps en temps je pourrai leur donner
quelque chose; mais j'aime Madelon par-dessus tout.

— Si tu venais à mourir, et que Madelon se
fût accoutumée à avoir toutes ses aises...

— Je suis bien sûre qu'elle pleurerait ma
mort.

— J'en suis persuadée. Mais la voilà qui re-
tomberait dans l'indigence; et il faudrait peut-
être qu'elle fît des choses honteuses pour con-
tinuer de se bien nourrir et de se bien parer.
Qui serait alors coupable de sa perte?

— Moi, maman. Ainsi donc, il faut que je
ne lui donne plus rien ?

— Ce n'est pas ma pensée. Je crois cependant que tu ferais bien de lui donner plus rarement de bons morceaux, et de lui faire plutôt le cadeau d'un bon vêtement.

— J'y avais pensé. Je lui donnerai, si vous voulez, quelqu'une de mes robes.

— J'imagine que ton fourreau de satin rose lui siérait à merveille, surtout sans chaussure.

— Bon! tout le monde la montrerait au doigt. Comment donc faire?

— Si j'étais à ta place, j'économiserais pendant quelque temps sur mes plaisirs; et lorsque j'aurais ramassé un peu d'argent, je l'emploierais à lui acheter ce qu'elle aurait de plus nécessaire. L'étoffe dont les enfants des pauvres s'habillent n'est pas bien coûteuse.

Clémentine suivit le conseil de sa mère. Madelon vint la trouver plus rarement à l'heure de son déjeuner; mais Clémentine lui faisait d'autres cadeaux plus utiles. Tantôt elle lui donnait un tablier, tantôt un cotillon, et elle payait ses mois d'école chez le magister du village, pour qu'elle achevât de se perfectionner dans la lecture.

Madelon fut si touchée de tous ces bienfaits, qu'elle s'attacha de jour en jour plus tendre-

2

ment à Clémentine. Elle venait souvent la trouver, et lui disait :

— Auriez-vous quelque commission à me donner ? Pourrais-je faire quelque ouvrage pour vous ? Et lorsque Clémentine lui donnait l'occasion de lui rendre quelque léger service, il aurait fallu voir la joie avec laquelle Madelon s'empressait de l'obliger.

Elle s'était rendue un jour à la porte du jardin de Clémentine, pour attendre qu'elle y descendît ; mais Clémentine n'y descendit point. Madelon y revint une seconde fois ; mais elle ne vit point Clémentine. Elle y retourna deux jours de suite ; Clémentine ne paraissait point.

La pauvre Madelon était désolée de ne plus voir sa bienfaitrice.

— Ah ! disait-elle, est-ce qu'elle ne m'aime plus ? Je l'aurai peut-être fâchée sans le vouloir. Au moins, si je savais en quoi, je lui en demanderais pardon. Je ne pourrais pas vivre sans l'aimer.

La femme de chambre de madame d'Alençay sortit en ce moment. Madelon l'arrêta.

— Où donc est mamselle Clémentine? lui demanda-t-elle.

— Mademoiselle Clémentine? répondit la femme de chambre. Elle n'a peut-être pas longtemps à vivre. Je la crois à toute extrémité. Elle a la petite-vérole.

— O Dieu! s'écria Madelon, je ne veux pas qu'elle meure!

Elle court aussitôt vers l'escalier, monte à la chambre de madame d'Alençay :

— Madame, lui dit-elle, par pitié, dites-moi où est mamselle Clémentine, je veux la voir.

Madame d'Alençay voulut retenir Madelon; mais elle avait aperçu, par la porte entr'ouverte, le lit de Clémentine, et elle était déjà à son côté.

Clémentine était dans les agitations d'une fièvre violente. Elle était seule et bien triste; car toutes ses petites amies l'avaient abandonnée.

Madelon saisit sa main en pleurant, la serra dans les siennes, la baisa, et lui dit :

— Ah! bon Dieu, comme vous voilà! Ne mourez point, je vous en prie; que devien-

drais-je, si je vous perdais ? Je resterai le jour
et la nuit auprès de vous ; je vous veillerai, je
vous servirai ; me le permettez-vous ?

Clémentine lui serra la main, et lui fit comprendre qu'elle lui ferait plaisir de demeurer
auprès d'elle.

Voilà donc Madelon devenue, par le con-
sentement de madame d'Alençay, la garde de
Clémentine. Elle s'acquittait à merveille de
son emploi. On lui avait dressé une couchette
à côté du lit de la petite malade ; elle était
sans cesse auprès d'elle. A la moindre plainte
que laissait échapper Clémentine, Madelon se
levait pour lui demander ce qu'elle avait.
Elle lui présentait elle-même les remèdes
prescrits par les médecins. Tantôt elle allait
cueillir du jonc pour faire, sous ses yeux, de
petits paniers et de fort jolies corbeilles ; tantôt elle bouleversait toute la bibliothèque de
madame d'Alençay, pour lui trouver quelques estampes dans ses livres. Elle cherchait
dans son imagination tout ce qui était capable d'amuser Clémentine, et de la distraire
de ses souffrances. Clémentine eut les yeux
fermés de boutons pendant près de huit jours.

Ce temps lui paraissait bien long : mais Madelon lui faisait des histoires de tout le village; et comme elle avait bien su profiter de
ses leçons, elle lui lisait tout ce qui pouvait
la réjouir. Elle lui adressait aussi de temps
en temps des consolations touchantes.

— Un peu de patience, lui disait-elle, le bon
Dieu aura pitié de vous, comme vous avez eu
pitié de moi.

Elle pleurait à ces mots; puis séchant aussitôt ses larmes :

— Voulez-vous, pour vous réjouir, que je
vous chante une jolie chanson?

Clémentine n'avait qu'à faire un signe, et
Madelon lui chantait toutes les chansons
qu'elle avait apprises des petits bergers d'alen-
tour. Le temps se passait de la sorte, sans
que Clémentine éprouvât trop d'ennui.

Enfin, sa santé se rétablit peu à peu; ses
yeux se rouvrirent, son accablement se dissipa, ses boutons séchèrent, et l'appétit revint.

Elle avait le visage encore tout couvert de
rougeurs. Madelon semblait ne la regarder
qu'avec plus de plaisir, en songeant au danger qu'elle avait couru de la perdre. Clémen-

tine, de son côté, s'attendrissait aussi en la regardant.

— Comment pourrai-je, lui disait-elle, te payer, selon mon cœur, de tout ce que tu as fait pour moi ? Elle demandait à sa maman de quelle manière elle pourrait récompenser sa tendre et fidèle gardienne. Madame d'Alençay, qui ne se possédait pas de joie de voir sa chère enfant rendue à la vie, après une maladie si dangereuse, lui répondit :

— Laisse-moi faire, je me charge de nous acquitter l'une et l'autre envers elle.

Elle fit faire secrètement pour Madelon un habillement complet. Clémentine se chargea de le lui essayer le premier jour où il lui serait permis de descendre dans le jardin. Ce fut un jour de fête dans toute la maison. Madame d'Alençay et tous ses gens étaient enivrés d'allégresse du rétablissement de Clémentine. Clémentine était transportée du plaisir de pouvoir récompenser Madelon : et Madelon ne se possédait pas de joie de revoir Clémentine dans les lieux où avait commencé leur connaissance, et encore de se trouver tout habillée de neuf de la tête aux pieds.

PHILIPPINE ET MAXIMIN.

Madame de Cerni, jeune veuve, avait deux enfants nommés Philippine et Maximin, l'un et l'autre également dignes de sa tendresse, quoiqu'elle iût partagée entre eux avec bien de l'inégalité. Philippine, tout enfant qu'elle était, sentait la prédilection de sa maman pour son frère ; elle en était affligée ; mais elle cachait, dans le fond de son cœur, le chagrin que lui causait cette préférence. Sa figure, sans être d'une laideur repoussante, ne répondait point à la beauté de son âme : son frère était beau comme on nous peint l'Amour. Toutes les douceurs et toutes les caresses de madame de Cerni étaient pour lui seul ; et les domestiques, pour faire leur cour à leur maîtresse, ne s'occupaient qu'à le flatter dans toutes ses fantaisies. Philippine, au contraire, rebutée par sa maman, n'en était que plus maltraitée par tous les gens de la maison. Loin de prévenir ses goûts, on négligeait jusqu'à ses besoins. Elle versait des

torrents de larmes, lorsqu'elle se voyait seule
et abandonnée; mais jamais elle ne laissait
échapper devant les autres la plainte la plus
légère, ou le moindre signe de mécontente-
ment. C'était en vain que, par une application
constante à ses devoirs, par sa douceur et par
ses prévenances, elle cherchait à compenser,
auprès de sa mère, ce qui lui manquait en
beauté; les qualités de son âme échappaient
à des yeux accoutumés à ne s'occuper que
des avantages extérieurs. Madame de Cerni,
peu touchée des témoignages de tendresse
que lui donnait Philippine, surtout depuis la
mort de son père, semblait ne la regarder
qu'avec une espèce de répugnance. Elle la
grondait sans cesse, et exigeait d'elle des
perfections qu'on n'aurait pas même osé pré-
tendre d'une raison plus avancée.

Cette mère injuste tomba malade. Maximin
se montra bien sensible à ses souffrances :
mais Philippine, qui, dans les regards éteints
et les traits abattus de sa maman, croyait
voir un adoucissement de sa rigueur accoutumée, surpassa de beaucoup son frère pour les
soins et pour la vigilance. Attentive aux

moindres besoins de sa mère, elle mettait toute sa pénétration à les découvrir, pour lui épargner même la peine de les faire connaître. Aussi longtemps que sa maladie eut quelque apparence de danger, elle ne quitta point son chevet. Les prières, les ordres mêmes ne purent l'engager à prendre un moment de repos.

Enfin, madame de Cerni se rétablit. Son heureuse convalescence dissipa les alarmes de Philippine; mais ses chagrins recommencèrent, lorsqu'elle vit sa maman reprendre envers elle sa sévérité.

Un jour que madame de Cerni s'entretenait avec ses deux enfants des maux qu'elle avait soufferts dans sa maladie, et les remerciait des soins tendres et empressés qu'elle avait reçus de leur amour :

— Mes chers enfants, ajouta-t-elle, vous pouvez l'un et l'autre me demander ce qui vous fera le plus de plaisir. Je m'engage à vous l'accorder, si vos désirs ne sont pas au-dessus de ma richesse. Que désires-tu, Maximin? demanda-t-elle d'abord à son fils.

— Une montre et une épée, maman, répondit-il.

— Tu les auras demain à ton lever.

— Et toi, Philippine?

— Moi, maman? moi? répondit-elle toute tremblante; je n'ai rien à désirer, si vous m'aimez.

— Ce n'est pas me répondre. Je veux aussi vous récompenser, mademoiselle. Que désirez-vous? Parlez.

Quoique Philippine fût accoutumée à ce ton sévère, elle en fut encore plus abattue, dans cette circonstance, qu'elle ne l'avait jamais été. Elle se jeta aux pieds de sa mère, la regarda avec des yeux tout mouillés de larmes; et cachant tout-à-coup son visage dans ses mains, elle balbutia ces mots :

— Donnez-moi seulement deux baisers, de ceux que vous donnez à mon frère.

Madame de Cerni, attendrie jusqu'au fond de son cœur, y sentit naître pour sa fille des sentiments qu'elle avait jusqu'alors étouffés. Elle la prit dans ses bras, la serra avec transport contre son sein, et l'accabla de baisers. Philippine, qui recevait pour la première fois les caresses de sa mère, se livra à toutes les effusions de sa joie et de son amour. Elle baisait ses yeux, ses joues, ses cheveux, ses mains, ses habits. Maximin, qui, moins injuste, avait toujours aimé sincèrement sa sœur, confondit ses embrassements avec les siens. Ils goûtèrent tous ensemble un bonheur qui ne fut pas borné à la durée de ce moment. Madame de Cerni rendit avec usure à Philippine tout ce qu'elle lui avait dérobé de son affection. Philippine y répondit par une nouvelle tendresse. Maximin n'en fut point jaloux; il sut même se faire une jouissance de la félicité de sa sœur. Il reçut bientôt le prix d'un sentiment si généreux. La bonté de son naturel avait été un peu altérée par la faiblesse et l'aveuglement de sa mère. Il lui échappa dans sa jeunesse bien des étourderies qui lui auraient aliéné son cœur. Mais Philippine trouvait le moyen de l'excuser auprès d'elle. Les sages conseils qu'elle lui donnait achevèrent de le ramener; et ils éprouvèrent tous trois qu'il n'y a point de bonheur dans une famille sans la plus intime union entre les frères et les sœurs, la plus vive et la plus égale tendresse entre les pères et les enfants.

LA PETITE FILLE TROMPÉE PAR SA SERVANTE.

— Maman, voulez-vous me permettre d'aller trouver ce soir mon petit cousin Henri?

— Non, je ne le veux pas, Amélie.

— Et pourquoi donc, maman?

— Je n'ai pas besoin, je crois, de te dire mes raisons. Une petite fille doit toujours obéir à ses parents, sans se permettre de les questionner. Cependant, afin que tu sois bien persuadée que j'ai toujours un motif raisonnable lorsque je te prescris ou que je te défends quelque chose, je vais te le dire. Ton cousin Henri n'a que de mauvais exemples à te donner, et je craindrais, si tu le voyais trop souvent, de te voir prendre sa légèreté et son indiscrétion.

— Mais, maman...

— Point de réplique, je te prie. Tu sais qu'il faut suivre exactement mes ordres.

Amélie se retira un peu à l'écart pour cacher les larmes qui roulaient dans ses yeux.

Puis, sa mère étant sortie, elle alla s'asseoir dans un coin, et s'abandonna à sa tristesse.

Dans cet intervalle, Nanette, nouvellement au service de madame de Blamont, entra dans la chambre.

— Comment! mademoiselle Amélie, lui dit-elle, je crois que vous pleurez? Qu'avez-vous donc? Ne pourrais-je savoir ce qui vous afflige?

— Laissez-moi, Nanette, vous ne pouvez rien pour me consoler.

— Et pourquoi ne le pourrais-je pas? Mademoiselle Sophie, dont je servais les parents, venait toujours me chercher lorsqu'elle avait quelque peine. Ma chère Nanette, me disait-elle, tu vois ce qui m'arrive; dis-moi ce que je dois faire; et j'avais toujours un bon conseil à lui donner.

— Moi, je n'ai pas besoin de vos conseils. Je vous dis encore un coup que vous n'avez rien à faire pour moi.

— Accordez-moi au moins la permission d'aller chercher madame votre mère. Elle sera peut-être plus heureuse à vous consoler. Je

n'aime pas à voir une aussi jolie demoiselle
que vous dans le chagrin.

— Oh! oui, maman, maman!

— Je n'ose croire que ce soit elle qui vous
ait affligée.

— Et qui serait-ce donc?

— Je ne l'aurais jamais imaginé. Il me semble que vous êtes assez raisonnable pour que
votre maman n'ait rien à vous refuser. Ah! si
j'avais une fille aussi bien née que vous, je
voudrais la laisser se conduire elle-même!
Mais votre maman aime à commander; et pour
un caprice, elle s'opposerait à vos désirs les
plus innocents. Comment peut-on avoir une
enfant aussi aimable, et se faire un jeu de la
contrarier? Je ne puis vous dire ce que je souffre de vous voir dans cet état.

— Ah! je crois que j'en mourrai de chagrin.

— En vérité, je le crains aussi. Comme vos
yeux sont rouges et enflés! C'est être bien
cruelle pour vous-même de ne pas vouloir que
les personnes qui vous sont sincèrement atta-
chées cherchent à vous donner quelque sou-
lagement. Ah! si mademoiselle Sophie avait

eu la moitié de vos peines, elle n'aurait pas
manqué de m'ouvrir son cœur.

— Je n'oserais jamais vous dire les miennes.

— Ce n'est pas que, par rapport à moi, je
me soucie beaucoup de les savoir... Oh! c'est
peut-être que votre man n vous fait rester à
la maison, tandis qu'elle va à la foire?

— Non; elle m'a bien promis de ne pas y
aller sans moi.

— Mais qu'est-ce donc? votre tristesse semble augmenter. Voulez-vous que j'aille chercher votre petit cousin? Vous jouerez avec lui
pour vous distraire.

— Ah! je n'aurai plus ce plaisir!

— Il n'est pas bien difficile de vous le procurer. Une jeune demoiselle doit avoir quelque société. Votre maman n'a pas envie de
faire de vous une religieuse.

— Il m'est défendu de le voir.

— De le voir? Je ne sais pas à quoi pense
votre maman. Celle de mademoiselle Sophie
faisait tout de même. Elle ne voulait pas
qu'elle eût la moindre liaison avec le petit
Sergy. Mais comme nous savions l'attraper!

— Et comment donc?

— Nous attendions le moment où elle allait rendre des visites. Alors mademoiselle Sophie allait trouver le petit Sergy, ou le petit Sergy venait la trouver.

— Et sa maman ne s'en apercevait pas?

— C'était moi qui étais chargée d'y veiller.

— Mais si j'allais chez mon petit cousin, et que maman vînt à demander : Où est Amélie?

— Je lui dirais que vous êtes toute seule au bout du jardin; ou bien, s'il était un peu tard, je lui dirais que vous êtes allée vous mettre au lit, que vous dormez d'un bon sommeil, et tout de suite je courrais vous chercher.

— Ah! si je croyais que maman n'en sût rien.

— Fiez-vous-en à moi; elle ne s'en doutera jamais. Voulez-vous m'en croire? Allez passer la soirée chez votre petit cousin; ne vous inquiétez pas du reste.

— J'aurais envie de l'essayer une fois. Mais vous m'assurez au moins que maman...

— Allez, n'ayez pas peur.

Amélie alla effectivement trouver son petit cousin. Sa maman rentra quelque temps après,

et demanda où elle était. Nanette répondit
qu'elle s'était ennuyée d'être seule, qu'elle
avait soupé de bon appétit, et qu'elle était
allée se coucher. Amélie trompa plusieurs
fois, de cette manière, sa crédule maman. Ah!
c'était bien plutôt elle-même qu'elle trompait,
en agissant ainsi! Auparavant elle était toujours gaie : elle avait du plaisir à rester auprès de sa mère, et elle courait avec joie à sa
rencontre, lorsqu'elle en avait été séparée un
moment. Qu'était devenue sa gaieté? Elle se
disait sans cesse :

— Mon Dieu! si maman savait où je suis
allée!

Elle tremblait lorsqu'elle entendait sa voix.
Si elle lui voyait un peu de tristesse :

— Je suis perdue! s'écriait-elle; maman a
découvert que je lui ai désobéi.

Ce n'était pas encore là tout son malheur.
L'artificieuse Nanette lui disait souvent combien mademoiselle Sophie avait été généreuse
envers elle, combien de fois elle lui avait
donné du sucre et du café, avec quelle confiance elle lui abandonnait les clefs de la cave
et du buffet! Amélie se piqua de mériter, de

la part de Nanette, les mêmes éloges de confiance et de générosité. Elle dérobait à sa maman du sucre et du café pour Nanette, et trouvait le moyen de lui procurer les clefs de la cave et du buffet.

Quelquefois cependant elle entendait les reproches de sa conscience.

— Je fais mal, se disait-elle, et mes tromperies seront tôt ou tard découvertes. Je perdrai l'amitié de maman.

Elle allait trouver Nanette, et lui protestait qu'elle ne lui donnerait plus rien.

— Vous en êtes bien la maîtresse, mademoiselle, lui répondait Nanette ; mais, prenez-y garde, vous aurez peut-être sujet de vous en repentir. Laissez revenir votre maman, je lui dirai avec quelle obéissance vous avez suivi ses ordres.

Amélie pleurait, et puis elle faisait tout ce qu'il plaisait à Nanette de lui commander. Auparavant, c'était Nanette qui obéissait à Amélie ; c'était aujourd'hui Amélie qui obéissait à Nanette : elle en essuyait toute espèce de malhonnêtetés, et elle n'avait personne à qui elle pût s'en plaindre.

Cette méchante fille vint un jour lui dire :
Il faut que vous sachiez que j'ai envie de goû-
ter du pâté qu'on a serré hier dans le buffet.
Outre cela, il me faut une bouteille de vin.
C'est à vous d'aller chercher les clefs dans le
tiroir de votre maman.

— Mais, ma chère Nanette...

— Il est bien question de ma chère Nanette ! Songez plutôt à ce que je vous demande.

— Mais maman nous verra; et si elle ne
nous voit pas, Dieu nous voit, et il nous pu-
nira.

— Et ne vous a-t-il pas vue toutes les fois
que vous êtes allée chez votre cousin? Je ne
me suis cependant pas aperçue qu'il vous ait
punie.

Amélie avait reçu de sa mère de bons principes de religion. Elle était fortement persuadée que Dieu a toujours l'œil ouvert sur nous,
qu'il récompense nos bonnes actions, et qu'il
ne nous a interdit le mal que parce qu'il nous
est préjudiciable. C'était par pure légèreté
qu'elle était allée chez son cousin, malgré les
défenses de sa maman. Mais il arrive toujours,
lorsqu'on s'est laissé aller à une faute, de

tomber tout de suite dans une autre. Elle se
voyait alors dans la nécessité de faire tout le
mal que sa servante lui ordonnait, dans la
crainte d'en être trahie. On se figure aisément
combien elle avait à souffrir de sa part.

Elle se retira dans sa chambre, pour avoir
la liberté de pleurer tout à son aise.

— Mon Dieu, s'écriait-elle en sanglotant,
combien on est à plaindre, lorsqu'on t'a désobéi! Malheureuse enfant que je suis! me voilà
l'esclave de ma servante! Je ne peux plus
faire ce que tu me demandes, et je suis forcée
de faire ce qu'une méchante fille ordonne de
moi. Il faut que je sois une menteuse, une vo-
leuse, une hypocrite. Prends pitié de moi,
grand Dieu! et délivre-moi!

Elle cacha dans ses deux mains son visage
inondé de larmes, et elle se mit à réfléchir
sur le parti qu'elle avait à prendre. Enfin, elle
se leva tout d'un coup en s'écriant :

— Oui, j'y suis résolue. Et quand maman
devrait me chasser un mois d'auprès d'elle;
quand elle devrait..... Mais non, elle se laissera enfin attendrir, elle m'appellera encore
sa chère Amélie. J'ai confiance en sa bonté.

Mais comme il va m'en coûter! Comment soutenir ses regards et ses reproches? N'importe, je vais lui tout avouer.

Elle s'élance aussitôt hors de sa chambre; et, apercevant sa mère qui se promenait toute seule dans le jardin, elle vole vers elle, se jette dans ses bras, l'embrasse étroitement, et couvre de larmes ses joues et son sein. La confusion et le trouble l'empêchaient de parler.

— Qu'as-tu donc, ma chère Amélie?

— Ah! maman.

— Que veulent dire ces larmes?

— Ma chère maman!

— Parle-moi donc, ma fille. D'où te vient cette agitation?

— Ah! si je croyais que vous pussiez me pardonner!

— Je te pardonne, puisque ton repentir paraît si vif et si sincère.

— Ma chère maman, j'ai été une fille désobéissante. Je suis allée plusieurs fois, malgré vos défenses, chez mon cousin Henri.

— Est-il possible, mon Amélie? toi qui craignais tant autrefois de me déplaire!

— Ah! je ne suis plus votre Amélie! si vous saviez tout!

— Tu m'inquiètes. Achève ta confidence. Il faut que tu aies été trompée. Tu ne m'avais pas donné jusqu'à présent de mécontement.

— Oui, maman, j'ai été trompée. C'est Nanette, Nanette...

— Quoi! c'est elle!

— Oui, maman. Et pour qu'elle ne vous en dît rien, je vous ai souvent dérobé les clefs de la cave et du buffet. Je vous ai volé pour elle je ne sais combien de sucre et de café.

— Malheureuse mère que je suis! C'est de la part de ma fille que j'ai essuyé ces horreurs! Laissez-moi, indigne enfant. J'ai besoin d'aller consulter votre père pour concerter avec lui la conduite que nous devons tenir envers vous.

— Non, maman, je ne veux pas vous quitter. Il faut d'abord me punir; mais promettez-moi de me rendre un jour votre amitié.

— Ah! malheureuse enfant, tu seras assez punie!

Madame de Blamont s'éloigna à ces mots, et elle laissa Amélie toute désolée sur un banc

de gazon. Elle alla trouver monsieur de Blamont, et ils cherchèrent ensemble les moyens
de sauver leur enfant de sa perte.

On fit bientôt après appeler Nanette. Après
l'avoir accablée des plus sévères reproches,
monsieur de Blamont lui ordonna de sortir
sur-le-champ de sa maison. Elle eut beau
pleurer et prier qu'on la traitât avec moins
de rigueur, elle eut beau promettre qu'il ne
lui arriverait plus rien de semblable à l'avenir, monsieur de Blamont fut inexorable.

— Vous savez, lui répondit-il, avec quelle
douceur je vous ai traitée, et quelle indulgence j'ai eue pour vos défauts. Je croyais
vous engager, par mes bontés, à répondre
aux soins que je prends de l'éducation de mon
enfant; et c'est vous qui l'avez portée à la
désobéissance et au vol. Vous êtes un mons-
tre à mes yeux. Sortez de ma présence, et
songez à vous corriger, si vous ne voulez pas
tomber entre les mains d'un juge plus terrible.

Ce fut ensuite le tour d'Amélie. Elle com-
parut devant ses parents dans un état digne
de compassion. Ses yeux étaient enflés de

larmes; tous les traits de son visage étaient
bouleversés. Une pâleur effrayante couvrait
ses joues, et tout son corps frissonnait d'un
tremblement pareil aux convulsions de la fièvre. Hors d'état de proférer une parole, elle
attendait dans un morne silence la sentence
de son père.

— Vous avez, lui dit-il d'une voix sévère,
vous avez trompé, vous avez offensé vos parents. Qui vous a portée à en croire une fille
scélérate plutôt que votre mère qui vous aime
si tendrement, et qui ne désire rien tant au
monde que de vous rendre heureuse? Si je
vous punissais avec l'indignation que vous
m'inspirez, si je vous chassais pour jamais
de ma vue, ainsi que la complice de vos fautes, qui pourrait m'accuser d'injustice?

— Ah! mon papa, vous ne pouvez jamais
être injuste envers moi. Punissez-moi avec
toute la rigueur que vous jugerez nécessaire,
je supporterai tout. Mais commencez par me
prendre encore dans vos bras; nommez-moi
encore votre Amélie.

— Je ne saurais sitôt vous embrasser. Je
veux bien ne pas vous châtier, en faveur de

l'aveu que vous avez fait de vous-même ; mais
je ne vous nommerai mon Amélie que lorsque
vous l'aurez mérité par un long repentir. Faites bien attention à votre conduite. Les punitions suivent toujours les fautes, et c'est vous-
même q i vous serez punie.

Amélie ne comprenait pas bien encore ce
que son père avait entendu par ces dernières
paroles. Elle ne s'était pas attendue à un trai-
tement si doux. Elle alla donc vers ses parents avec un cœur brisé. Elle baisa leurs
mains, et leur promit de nouveau la soumission la plus aveugle.

Elle tint en effet la parole qu'elle avait donnée. Mais, hélas! les punitions suivirent bientôt, comme son père le lui avait annoncé. La
méchante Nanette répandit sur son compte
les propos les plus injurieux. Elle racontait
tout ce qui s'était passé entre elle et Amélie,
et elle y ajoutait mille horribles mensonges.
Elle disait qu'Amélie, par de basses prières,
et à force de dons volés à ses parents, avait
travaillé si longtemps à la corrompre, qu'elle
s'était enfin laissé engager à lui ménager des
entrevues secrètes avec son cousin Henri ;

3

qu'ils se voyaient tous les soirs à l'insu de
leurs parents, et qu'Amélie était souvent rentrée fort tard au logis. Elle racontait tout cela
avec des détails si affreux, que tout le monde
prit les idées les plus désavantageuses
d'Amélie.

Il lui fallut essuyer, à ce sujet, les plus
cruelles mortifications. Lorsqu'elle entrait
dans une société de ses petites amies, elle les
voyait toutes se chuchoter quelque chose à
l'oreille, la regarder d'un air de mépris, et
avec un sourire insultant. Si elle restait un
peu tard dans une société, on disait : Appa-
remment qu'elle attend ici l'heure de son ren-
dez-vous. Avait-elle un ruban à la mode, ou
un ajustement de bon goût, on disait : Lorsqu'on sait se procurer les clefs de sa maman,
on est en état d'acheter tout ce qu'on veut.
Enfin, au moindre différend qu'elle avait avec
une de ses compagnes :

— Taisez-vous, mademoiselle, lui disait-on,
c'est le souvenir de votre cousin Henri qui
trouble vos idées.

Ces reproches étaient autant de traits aigus
qui déchiraient le cœur d'Amélie. Souvent.

lorsqu'elle était trop accablée de sa douleur, elle se jetait dans les bras de sa maman pour y chercher quelque consolation. Sa mère lui répondait ordinairement :

— Souffre avec patience, ma chère fille, ce que ton imprudence t'a mérité. Prie Dieu d'oublier ta faute, et d'abréger le temps de tes mortifications. Ces épreuves te serviront pour le reste de ta vie, si tu sais en profiter. Dieu a dit aux enfants : Honorez votre père et votre mère, et soyez soumis en tout à leurs volontés. Ce commandement est pour leur bonheur. Pauvres enfants! vous ne connaissez pas encore le monde, vous ne prévoyez pas les suites que vos actions peuvent entraîner. Dieu a remis le soin de vous conduire à vos parents, qui vous chérissent comme eux-mêmes, et qui ont plus d'expérience et de réflexion pour écarter de vous tout ce qui vous serait dangereux. Tu n'as voulu rien croire de cela; tu éprouves aujourd'hui avec quelle sagesse Dieu a ordonné aux enfants la soumission envers leurs parents, puisque tu as eu tant à souffrir de ta désobéissance. Ma chère Amélie, que ton malheur serve à ton instruction. Il en est de même de tous les commandements de Dieu. Dieu ne nous prescrit que ce qui nous est avantageux; il ne nous défend que ce qui nous est nuisible. Nous nous préjudicions donc à nous-mêmes toutes les fois que nous faisons le mal. Tu te trouveras souvent dans des circonstances où il ne te sera pas possible de prévoir combien le vice te nuira, ou combien la vertu te sera utile. Rappelle-toi alors combien tu as souffert par un seul manquement, et règle toutes les actions de ta vie sur ce principe infaillible :

Tout ce qu'on fait contre la vertu, on le fait contre son bonheur.

Amélie suivit religieusement les sages conseils de sa mère. Plus elle eut à souffrir encore des suites de son imprudence, plus elle devint réservée et attentive sur elle-même. Elle profita si bien de cette disgrâce, que, par la sagesse de sa conduite, elle ferma la bouche à tous ses calomniateurs, et s'acquit le nom glorieux de l'irréprochable Amélie.

LA PETITE BABILLARDE.

Léonor était une petite fille pleine d'esprit et de vivacité. A l'âge de six ans, elle maniait déjà l'aiguille et les ciseaux avec beaucoup d'adresse, et toutes les jarretières de ses parents étaient de sa façon. Elle savait aussi lire tout couramment dans le premier livre qu'on lui présentait. Les lettres de son écriture étaient bien formées. Elle n'en mettait point de grandes, de moyennes et de petites dans le même mot, les unes penchées en avant, les autres en arrière ; et ses lignes n'allaient point en gambadant du haut de son papier jusqu'en bas, ainsi que je l'ai vu pratiquer à beaucoup d'autres enfants de son âge.

Ses parents n'étaient pas moins contents de son obéissance, que ses maîtres ne l'étaient de son application. Elle vivait dans la plus douce union avec ses sœurs, traitait les domestiques avec affabilité, et ses compagnes avec toutes sortes d'égards et de prévenances. Tous les anciens amis de ses parents,

tous les étrangers qui venaient, pour la première fois, dans la maison, en paraissaient
également enchantés.

Qui croirait qu'avec tant de qualités, de talents et de gentillesse, on pût avoir le malheur
de se rendre insupportable? Tel fut cependant
celui de Léonor.

Un seul défaut qu'elle contracta vint à bout
de détruire l'effet de tous ses agréments ; l'in-
tempérance de sa langue fit bientôt oublier
les grâces de son esprit et la bonté de son
cœur. La petite Léonor devint la plus grande
babillarde de tout l'univers. Lorsque, par
exemple, elle prenait le matin son ouvrage, il
fallait qu'elle dît : Oh! il est bien temps de
se mettre en besogne. Que dirait maman si
elle me trouvait les bras croisés? O mon Dieu!
le grand morceau que j'ai à coudre! Mais,
Dieu merci, je ne suis pas manchotte, et je
saurai bien en venir à bout. Ah! voilà l'hor-
loge qui sonne. Une, deux, trois, quatre, cinq,
six, sept, huit, neuf heures. J'ai encore deux
heures jusqu'à l'heure de mon clavecin. En
deux heures on peut expédier bien du travail.
Maman, en récompense, me donnera des bon-

bons. Quel plaisir j'aurai à les croquer! Je
n'aime rien tant que les pralines. Ce n'est
pas que les dragées ne soient aussi fort bonnes. Mon papa m'en donna l'autre jour; mais
je crois que les pralines valent encore mieux,
à moins que ce ne soient les dragées. Ah! si
Dorothée venait aujourd'hui! je lui ferais voir
ma belle garniture. Elle est assez drôle, cette
petite Dorothée; mais elle aime trop à parler;
on n'a pas le temps de glisser un mot avec
elle. Où est donc mon dé? Ma sœur, n'as-tu
pas vu mon dé? Il faut que Justine l'ait em-
porté avec elle! elle n'en fait jamais d'autres,
cette étourdie! Sans dé on ne peut pas travailler, le chas de l'aiguille vous entre dans le
doigt. Le doigt vous saigne, cela fait grand
mal, et puis votre ouvrage est tout sali. Justine, Justine! où es-tu donc? N'as-tu pas vu
mon dé? Mais non, le voilà tout emberlificoté
dans mon écheveau.

C'est ainsi que la petite créature dégoisait
impitoyablement toute la journée. Quand son
père et sa mère s'entretenaient ensemble de
choses intéressantes, elle venait étourdiment
se jeter au travers de leurs discours. Souvent,

à dîner, elle en était encore à sa soupe, lorsque les autres avaient presque fini leur repas.
Elle oubliait le boire et le manger, pour se
livrer à son bavardage.

Son papa la reprenait plusieurs fois le jour
de ce défaut; les avis et les reproches étaient
également inutiles. Les humiliations ne réus-
sissaient pas mieux. Comme personne ne pouvait s'entendre auprès d'elle, on l'envoyait
toute seule dans sa chambre. Aux repas, on
prit le parti de la mettre séparément à une
petite table, aussi loin qu'il était possible de
la grande. Léonor était affligée, mais elle ne
se corrigeait pas. Elle avait toujours quelque
chose à se dire tout haut à elle-même, quand
sa langue ne pouvait s'accrocher à personne.
Plutôt que de rester muette, elle aurait lié
conversation avec sa fourchette et son cou-
teau.

Que gagnait-elle donc à suivre cette malheureuse habitude? Vous le voyez, mes chers
amis, rien que des mortifications et de la
haine. Je vais vous raconter ce qu'elle eut
encore un jour à souffrir.

Ses parents étaient invités par un de leurs

amis à venir passer quelques jours à sa maison de campagne. C'était dans l'automne. Le temps était superbe; et il n'est guère possible de se représenter l'abondance qu'il y avait cette année de pommes, de poires, de pêches et de raisins.

Léonor s'était figuré qu'elle accompagnerait ses parents. Elle fut bien surprise, lorsque son père, ordonnant à ses petites sœurs Julie et Cécile de se préparer, lui annonça que, pour elle, il fallait qu'elle restât à la maison. Elle se jeta en pleurant dans les bras de sa mère.

—Ah! ma chère maman, lui dit-elle, comment ai-je mérité que mon papa soit si fort en colère contre moi?

— Ton papa, lui répondit sa maman, n'est pas en colère; mais il est impossible de tenir à ta société! Tu troublerais tous nos plaisirs par ton bavardage continuel.

— Faut-il donc que je ne parle jamais? reprit Léonor.

— Ce défaut, lui répliqua sa mère, serait aussi grand que celui dont nous voulons te guérir. Mais il faut attendre que ton tour

vienne, et ne pas couper sans cesse la parole
à tes parents et à des personnes plus âgées et
plus raisonnables que toi. Il faut aussi t'abs-
tenir de dire tout ce qui te passe par la tête.
Lorsque tu veux savoir quelque chose utile à
ton instruction, il faut le demander nettement
et en peu de mots; et si tu as quelque récit à
faire, bien réfléchir d'abord en toi-même, si
tes parents ou ceux qui t'écoutent auront du
plaisir à l'entendre.

Léonor, à défaut de raisons, n'aurait pas
manqué de paroles pour se justifier; mais elle
entendit son papa qui appelait sa femme, et
Julie, et Cécile. La voiture était déjà prête.

Léonor les vit partir en soupirant; et son
œil, plein de larmes, suivit la voiture aussi
loin que sa vue put s'étendre. Lorsqu'elle ne
la vit plus, elle alla s'asseoir dans un coin, et
passa une demi-heure à pleurer.

— Maudite langue! s'écriait-elle, c'est de
toi que viennent tous mes chagrins. Va, je
prendrai garde que tu ne dises plus à l'avenir
un mot plus qu'il ne faut.

Quelques jours après ses parents revinrent.
Ses sœurs rapportèrent des corbeilles pleines

de noix et de raisins. Comme elles avaient le cœur excellent, elles se firent un plaisir de partager avec Léonor; mais Léonor était si rassasiée par sa tristesse, qu'elle ne put pas en goûter. Elle courut à son papa, et lui dit :

— Ah! mon papa, pardonnez-moi de vous avoir mis dans la nécessité de me punir : nous en avons trop souffert l'un et l'autre! Je ne veux plus être une babillarde.

Son papa l'embrassa tendrement.

Le lendemain il fut permis à Léonor de se mettre à table avec les autres. Elle parla très-peu, et tout ce qu'elle dit fut plein de grâce et de modestie. Il est vrai qu'il lui en coûta beaucoup pour retenir sa langue, qui, d'impatience et de démangeaison, roulait çà et là dans sa bouche. Le lendemain cette retenue lui fut moins pénible, et moins encore les jours suivants. Peu à peu elle est parvenue à se défaire entièrement de son insupportable babil; et on la voit aujourd'hui figurer fort joliment dans la société, sans y porter le trouble et l'ennui.

L'ORPHELINE BIENFAISANTE.

Madame de Fonbonne, après avoir perdu
son mari, venait encore de perdre un procès,
au sort duquel était attachée la plus grande
partie de ses biens. Elle fut obligée de vendre
ce qui lui restait de meubles et de bijoux; et
en ayant placé le produit chez un banquier,
elle se retira dans un village, pour y vivre,
avec économie, de son modique revenu.

A peine avait-elle passé quelques mois dans
son obscure retraite, qu'elle apprit la fuite du
dépositaire infidèle des derniers débris de sa
fortune. Qu'on se représente l'horreur de sa
situation. Les chagrins et les maladies
l'avaient rendue incapable de toute espèce de
travail; et après avoir passé ses plus belles
années au sein de l'aisance et des plaisirs, il
ne lui restait d'autre ressource, dans un âge
avancé, que d'entrer dans un hôpital ou d'aller demander l'aumône.

Elle ne voyait, en effet, autour d'elle, personne qui daignât s'intéresser à son sort.

Amenée par son époux d'un pays étranger, où elle avait reçu la naissance, elle ne pouvait solliciter des secours que d'un parent assez proche qu'elle avait attiré dans sa nouvelle patrie, et dont elle avait élevé la fortune par le crédit de son mari. Mais cet homme, d'une avarice sordide, ne fut pas, comme on l'imagine, extrêmement sensible aux plaintes d'un autre, lorsqu'il se refusait à lui-même jusqu'aux premières nécessités de la vie.

Dans cette extrémité cruelle, une jeune orpheline qu'elle avait adoptée pendant le cours de ses prospérités, et qu'elle n'avait jamais pu se résoudre à abandonner après ses premiers revers, devint son ange tutélaire. Les bontés dont Clotilde avait été comblée par madame de Fonbonne firent naître dans son cœur le désir généreux de lui en témoigner sa reconnaissance.

— Non, s'écriait-elle, lorsque madame de Fonbonne lui proposa de chercher un autre asile, non, je ne vous abandonne point tant que vous vivrez. Vous m'avez toujours traitée comme votre fille ; et si j'ai désiré de l'être dans votre bonheur, je le désire encore plus

dans vos peines. Grâce à vos largesses, je me
vois abondamment pourvue de tout ce qui est
nécessaire à mon entretien. Vous m'avez donné
des talents, je ferai ma gloire de les employer
pour vous. Je sais coudre et broder : avec de
la santé et du courage, je puis gagner assez
de pain pour nous deux.

Madame de Fonbonne fut extrêmement touchée de cette déclaration. Elle embrassa Clotilde, et consentit à profiter de ses offres.

Voilà donc Clotilde devenue à son tour la
mère par adoption de son ancienne protectrice. Elle ne se bornait pas à la nourrir du
fruit d'un travail opiniâtre, elle la consolait
dans sa tristesse, la soulageait dans ses infirmités, et s'efforçait, par les caresses les plus
tendres, de lui faire oublier les injustices du
sort.

La constance et l'ardeur de ses soins ne se
re. dirent pas un moment dans le cours de
deux années que madame de Fonbonne jouit
encore de ses bienfaits; et lorsque la mort vint
la ravir à sa tendresse, elle donna les regrets
les plus vifs à cette perte.

Quelques jours avant ce malheur venait

aussi de mourir ce riche avare, dont le cœur s'était montré si insensible à la voix du sang et de la reconnaissance. Comme il ne pouvair emporter avec lui ses trésors, il avait cru réparer son ingratitude envers sa parente, en les lui laissant par ses dernières dispositions. Mais ces secours étaient venus trop tard. Madame de Fonbonne n'était plus en état d'en profiter. Elle n'avait pas eu même la consolation, en mourant, d'apprendre cette révolution dans sa fortune, pour la faire tourner à l'avantage de la tendre Clotilde.

Cet héritage se trouvait ainsi dévolu au domaine du prince. Heureusement les recherches ordinaires en pareille occasion firent parvenir à ses oreilles la noble conduite de la généreuse orpheline.

— Ah! s'écria-t-il dans le premier mouvement de son cœur, elle est bien plus digne que moi de cet héritage. Je renonce à mes droits en faveur des siens, et je me déclare son protecteur et son père.

Toute la nation applaudit à ce jugement. Clotilde, en recevant cette récompense pour sa générosité, l'employa à élever de jeunes

orphelines comme elle, à qui elle se plaisait
surtout à inspirer les sentiments qui la lui
avaient méritée.

GEORGE ET CÉCILE.

George, petit orphelin, était élevé, dès ses
premières années, dans la maison de monsieur et madame Everard. A leurs soins généreux, et à leur vive tendresse, on les aurait
pris pour ses véritables parents. Ces dignes
époux n'avaient qu'une fille, nommée Cécile ;
et les deux enfants, à peu près du même âge.
s'aimaient de la plus douce amitié.

Dans une riante matinée de l'automne,
George, Cécile et Lucette, leur jeune voisine,
allaient se promenant à petits pas sous les arbres du verger. Les deux petites filles, dont
la moins âgée (c'était Cécile) comptait à peine
ses huit ans accomplis, se tenant les bras en-
trelacés avec cet aimable abandon et ces grâces ingénues de l'enfance, essayait de chanter une jolie romance qui courait tout nouvellement dans le pays. George, en se balançant,

répétait l'air sur son flageo.⁓ et marchait à
reculons devant elles.

Que de jeux innocents se succédèrent dans
cette heureuse matinée! Cécile et Lucette, au
milieu de leurs ébats, jetèrent un regard d'appétit sur les pommiers. On venait d'en faire
la récolte. Quelques pommes cependant, de
loin en loin oubliées, pendaient aux branches;
et le vermillon dont elles étaient colorées in-
vitait la main à les cueillir. George s'élance,
grimpe lestement au premier arbre, et, per-
ché sur sa cime, il jetait tous les fruits qu'il
pouvait atteindre à ses deux petites amies,
qui tendaient leur tablier pour les recevoir.

Le sort voulut que deux ou trois des plus
belles pommes tombassent dans celui de Lucette : et comme George était le garçon le plus
aimable, et surtout le plus poli du village,
Lucette s'enorgueillit de ce partage, comme
d'une préférence décidée.

Avec des yeux où brillait une joie insul-
tante, elle fit remarquer à Cécile la grosseur
et la beauté de ses fruits, et laissa tomber
sur les siens un regard dédaigneux. Cécile
baisse la vue; et, prenant un air grave, elle

garda le silence pendant tout le reste de la
promenade : ce fut en vain que, par mille
amitiés, George essaya de lui rendre son sourire et son charmant petit babil.

Lucette les quitta sur le bord de la terrasse ;
et George, avant de rentrer à la maison, dit à
Cécile :

— Qui te rend donc si fâchée contre moi,
Cécile? Tu n'es sûrement pas offensée de ce
que j'ai jeté du fruit à Lucette? Tu le sais
bien, Cécile, je t'ai donné toujours la préférence. Tout-à-l'heure même je le voulais encore; mais je ne sais par quelle méprise j'ai
lâché les pommes que je te destinais dans le
tablier de Lucette. Pouvais-je ensuite les lui
retirer? là, voyons. Et puis je pensais que Cécile était trop généreuse pour remarquer cette
bagatelle. Ah! tu verras bientôt que je ne
voulais pas te fâcher.

— Eh! monsieur George, qui vous dit que
je sois fâchée? Quand Lucette aurait eu des
pommes six fois plus grosses que les miennes,
que me fait cela? Je ne suis point gourmande,
Monsieur, vous savez bien que je ne le suis
pas. Je n'y aurais seulement pas fait atten-

tion, sans les regards impertinents de cette
petite fille. Je ne puis les supporter; je ne le
veux pas; et si vous ne tombez sur l'heure à
mes genoux, je ne vous pardonnerai jamais.

— Oh! je ne puis faire cela, répondit
George; car ce serait avouer une faute que je
n'ai jamais commise. Je ne suis point un di-
seur de mensonges; et, j'ose le dire, c'est bien
mal à vous, mademoiselle Cécile, de ne pas
m'en croire.

— Bien mal à moi! bien mal à moi! Vous
n'avez pas besoin de me dire des injures,
monsieur George, parce que mademoiselle
Lucette est dans vos bonnes grâces : et, le
saluant d'une inclination de tête ironique,
sans le regarder, Cécile entra dans le salon,
où le couvert était déjà mis.

Ils continuèrent de se bouder l'un et l'autre
pendant tout le repas. Cécile ne but pas une
seule fois à dîner, car il aurait fallu dire : A
ta santé, George ! Et George, à son tour, était
si pénétré de l'injustice de Cécile, qu'il voulut
aussi conserver sa dignité.

Cependant Cécile étudiait, du coin de l'œil,
tous ses mouvements; et ayant rencontré une

fois ses regards qui se portaient sur elle à la
dérobée, elle détourna les siens. George,
croyant que c'était par mépris, affecta un air
serein, et se mit à manger comme s'il avait
eu de l'appétit.

On venait de servir le fruit au dessert, lorsque, par malheur, Cécile, un peu hors d'elle-
même, répondit assez légèrement à sa mère
qui l'interrogeait pour la seconde fois. Monsieur Everard lui ordonna de sortir aussitôt
du salon. Cécile obéit en fondant en larmes,
et, se retirant d'un pas incertain et silencieux,
elle alla cacher sa douleur au fond d'un berceau. C'est alors que, le cœur gonflé de soupirs, elle se repentit de s'être brouillée avec
George; car dans ces tristes circonstances il
avait coutume de la consoler, en pleurant
avec elle.

George, resté à table, ne put se représenter
Cécile désolée, sans ressentir, comme elle, ses
douleurs.

A peine lui eut-on donné deux pêches, qu'il
chercha le moyen de les glisser secrètement
dans sa poche pour les lui porter. Mais il crai-
gnait toujours qu'on ne s'en aperçût. Il avan-

çait et reculait sa chaise; il avait à tout moment quelque chose à chercher à terre.

— Le joli petit Lindor! s'écria-t-il, en faisant semblant de rire, et prenant une pêche,
tout prêt à la cacher. Ah! papa! ah! maman!
voyez donc comme il joue avec Raton! Tout-
à-coup feignant de vouloir punir Raton qui allait mordre Lindor, il le poursuivit du côté de
la porte du jardin, que Cécile, en sortant,
avait laissée entr'ouverte. Raton s'esquiva par
cette ouverture, et George s'élança après lui.

— George! George! où allez-vous courir
encore?

George s'arrêta tout court.

— Ma petite maman, dit-il en élevant la
voix et posant en dehors l'oreille contre la
porte, c'est que je vais faire un tour de jardin; vous le voulez bien, n'est-ce pas, ma petite maman? Et comme on tardait à lui ré
pondre, il ajouta d'un ton suppliant : O ma
petite maman! je serai bien sage, bien sage.

—En ce cas-là, répondit madame Everard,
je vous le permets. Allez.

Lorsqu'il arriva sous le berceau, l'humeur
de Cécile était adoucie. Assise dans une atti

tude de tristesse et de repentir, elle se trouvait bien malheureuse : elle avait offensé les
trois meilleurs amis qu'elle eût au monde,
George et ses dignes parents.

— Cécile, ma chère Cécile ! s'écria George,
je t'en conjure, soyons amis. Je te demanderais pardon de t'avoir offensée ce matin, si
réellement j'en avais eu la pensée. Si tu le
veux, Cécile, je le veux aussi. Le veux-tu,
Cécile ? Grâce ! grâce ! et soyons amis. Tiens,
Cécile, voici mes pêches ; je n'aurais jamais
pu les manger, voyant que tu n'en avais pas.

— Ah ! mon cher George ! répondit Cécile
en lui serrant la main et en pleurant sur son
épaule, que tu es un aimable garçon ! Certes,
ajoute-t-elle en sanglotant, un ami dans le
malheur est un véritable ami ! Mais je ne
veux pas accepter tes pêches. Je serais bien
à plaindre, si tu pouvais soupçonner que je
me suis fâchée ce matin à cause des pommes.
Tu ne le penses pas, n'est-il pas vrai ? Non,
George, c'était le coup d'œil insolent de cette
petite orgueilleuse. Mais je ne m'embarrasse
guère d'elle à présent, je t'assure. Me pardon-
nes-tu, continua-t-elle en essuyant avec son

mouchoir une de ses larmes qui venait de tomber sur la main de George? Je sais bien que j'aime à te tourmenter quelquefois; mais garde tes pêches, garde-les, je n'en veux pas.

— Eh bien! Cécile, tu me tourmenteras tant qu'il te plaira, interrompit George. C'est pourtant une chose que je ne permettrai jamais à une autre, entends-tu bien? Mais pour ces pêches, je ne les mangerai pas, Cécile; je l'ai dit, et je n'en aurai pas menti.

— Ni moi non plus, je ne les mangerai pas, répliqua Cécile, en les faisant voler par-dessus la haie. Je ne puis supporter l'idée d'avoir accommodé une querelle par intérêt... Mais à présent que nous sommes amis, George, que je serais heureuse si je pouvais obtenir de maman qu'elle me permît d'aller lui demander pardon!

— Oh! j'y vole, Cécile! s'écria George déjà loin du berceau, et je lui dirai que c'est moi qui t'avais brouillé l'esprit par une tracasserie.

Il réussit au-delà de ses vœux. Eh! quelles fautes n'aurait-on pas excusées, en faveur d'une si tendre et si généreuse amitié?

LE BOUQUET QUI NE SE FLÉTRIT JAMAIS.

— Eh! bonjour, ma chère Eugénie. C'est une excellente idée que tu as eue de venir me voir aujourd'hui.

— Maman vient de me permettre de passer tout le reste de la soirée avec toi.

— J'en suis bien charmée; le temps est si beau! Il me semble que nos amis nous en deviennent plus chers, quand la nature est riante.

— Je le sens aussi. Tiens, donne-moi la main. Comme nous allons jaser et courir ensemble!

— Veux-tu commencer par faire quelques tours dans le bosquet?

— Vraiment oui, c'est fort bien pensé. Nous pourrons y causer plus à notre aise.

— Je te demande seulement la permission de m'asseoir quelquefois pour travailler à mon ouvrage.

— A la bonne heure. Je t'aiderai même, si tu veux.

— Oh ! non, je te remercie. Je ne voudrais
pas qu'il y eût un seul point d'une autre main
que de la mienne.

— Je vois que c'est pour en faire un cadeau.

— Tu l'as deviné.

— Et l'ouvrage presse donc beaucoup ?

— Tu sais que c'est le 4 de ce mois le jour
de Sainte-Rosalie. Je ne me consolerais de ma
vie, si ce tablier de filet n'était fait pour ce
jour-là.

— Rosalie, dis-tu ? Je ne connais personne
de ce nom-là parmi toutes les demoiselles de
notre société.

— C'est pour une de mes amies particuliè-
res ; oh ! une tendre et excellente amie, à qui
je dois peut-être tout mon bonheur.

— Et comment cela, s'il te plaît, ma chère
Agathe ? Je meurs d'envie de le savoir.

— Dis-moi, Eugénie, n'as-tu pas remarqué,
depuis ton retour, un grand changement dans
mon caractère ?

— Puisque tu veux que je te dise, j'en con-
viendrai franchement avec toi : je ne te reconnais plus. Comment as-tu fait pour changer à
ce point ? Lorsque je te quittai, il y a quinze

4

mois, pour aller passer un an chez ma tante,
tu étais vaine et acariâtre. Tu offensais sans
pitié tout le monde, et la moindre familiarité
te paraissait un outrage. Aujourd'hui tes ma-
nières sont simples et prévenantes. Tu as un
air de complaisance et d'affabilité qui te gagne tous les cœurs. Je t'avouerai que moi-
même je t'aime cent fois plus que je ne t'ai-
mais alors. Tu prenais quelquefois des airs de
hauteur qui me révoltaient. Il me venait à
chaque instant l'idée de rompre avec toi; au
lieu qu'à présent je goûte un plaisir inexpri-
mable dans ton entretien. Et ce qui achève de
me ravir, c'est que tu as l'air d'être beaucoup
plus heureuse.

— Je le suis aussi, ma chère amie. Ah!
j'étais bien à plaindre dans le temps dont tu
me parles. Je faisais également le désespoir
de ma famille et de tous ceux qui s'intéres-
saient à mon bonheur. La pauvre demoiselle
Brochon surtout, que je la faisais souffrir!
Elle pourtant qui m'aimait avec tant de tendresse, qui remplissait si bien la parole qu'elle
avait donnée à maman, le jour de sa mort,
de tenir sa place auprès de moi, de me porter
tout l'amour d'une mère!

— Il faut convenir que tu ne pouvais pas
tomber en de meilleures mains pour recevoir
une éducation distinguée. Il n'est point de
parents qui ne souhaitassent de la voir auprès
de leur fille.

— Tu ne sais pas encore tout ce que je lui
dois. Je veux te le raconter. C'est l'histoire
d'une matinée qui restera toujours gravée
dans mon souvenir. Le 4 de ce mois il y aura
un an, c'était le jour de sa fête ; je m'éveillai
d'assez bonne heure. Elle dort encore, me
dis-je à moi-même ; je veux la surprendre
avant qu'elle ne se lève. Je m'habillai toute
seule ; je pris la corbeille qu'une aimable petite demoiselle m'avait donnée au premier
jour de l'an (*elle serre la main d'Eugénie*), et
je courus dans le jardin pour la remplir de
fleurs, que je voulais répandre sur le lit de
mademoiselle Brochon. Je me glissai en ca-
chette le long de la charmille, et j'arrivai,
sans que personne m'eût aperçue, au petit
bosquet de rosiers, où je cueillis trois des
plus belles roses qui venaient de s'épanouir.
Il me fallait encore du chèvrefeuille, du jas-
min et du myrte. J'allais pour en cueillir au-

tour du berceau qui termine la grande allée.
Tout-à-coup, en passant devant l'ouverture,
j'aperçois, en un coin du berceau, mademoiselle Brochon à genoux, la tête cachée dans
ses mains. Je tâchai de m'en retourner doucement sur la pointe des pieds; mais elle
avait entendu le bruit de mes pas. Elle se re-
leva précipitamment, tourna la tête, m'aper-
çut, et me cria de venir la trouver.

Elle n'avait pas eu le temps de bien essuyer
ses larmes. Je vis que ses yeux en étaient encore mouillés. Mais ce n'étaient pas de ces
larmes douces, comme je lui en avais vu souvent répandre au récit de quelque action généreuse, de bienfaisance, ou de droiture.
Malgré l'air d'amitié dont elle me recevait, il
me sembla remarquer sur son visage des tra-
ces de douleur.

Elle me prit doucement cette main dans une
des siennes, et passa l'autre autour de moi.
Nous fîmes de cette manière deux tours d'allée, sans qu'elle me dît un seul mot. De mon
côté, je n'osais ouvrir la bouche, tant j'étais
interdite par son silence.

Elle me pressa ensuite plus étroitement

contre son sein ; et me regardant avec un air
attendri, en jetant un coup d'œil sur les fleurs
dont ma corbeille était remplie : Je vois, ma
chère Agathe, me dit-elle, que vous avez
pensé de bonne heure à ma fête. Cette attention délicate me ferait oublier les tristes pensées dont j'étais occupée en ce moment à votre sujet, si le soin de votre bonheur n'y était
attaché. Oui, ma chère amie, n'attribuez qu'à
ma tendresse pour vous ce que je vais vous
dire. Il me tarde d'en avoir déchargé mon
cœur, pour l'ouvrir ensuite tout entier aux
nouveaux sentiments que je vous dois pour le
bouquet que vous me préparez.

J'étais tremblante et muette pendant qu'elle
m'adressait ce discours. C'était comme si ma
conscience m'eût parlé tout haut par sa bouche.

— Vous qui avez reçu de la nature, continua-t-elle, des dispositions si bien cultivées
par les exemples et les instructions de votre
maman, pourquoi voulez-vous les pervertir
par un défaut capable d'empoisonner lui seul
les plus excellentes qualités? Je ne vous le
nommerai point : après ce que je viens de

vous dire, son nom vous inspirerait peut-être
trop d'horreur contre vous-même, et je ne
veux pas vous mortifier. Il suffit que votre
cœur vous le nomme en secret, et je crois
vous connaître assez pour être sûre que vous
emploierez les plus nobles efforts à le détruire.

N'allons point chercher des temps trop
reculés. Faisons seulement l'examen de la
conduite que vous avez tenue dans la journée
d'hier. C'est elle qui m'avait plongée dans la
tristesse où vous venez de me surprendre.

Vous souvenez-vous du ton d'emphase
que vous prîtes à déjeuner, pour étaler vos
connaissances dans l'histoire ? Vous rappeliez
des événements assez instructifs pour qu'on
vous eût écoutée avec intérêt, si l'on ne vous
eût vue trop enflée du désir d'exciter l'admiration. Vous aviez l'air si satisfaite de vous-
même, que l'on craignit de vous donner des
éloges, de peur d'ajouter à votre vanité. Souvenez-vous en même temps de l'attention
qu'on prêtait à l'aimable petite Adélaïde,
comme tout le monde était enchanté des grâces simples et naturelles de son récit, de l'air
modeste dont elle rougissait de paraître si bien

instruite! Je vous voyais pâlir de dépit et d'envie; je voyais rouler dans vos yeux des larmes de rage, que vous cherchiez vainement à dérober, tandis que toute la compagnie se réjouissait intérieurement de vous voir humiliée.

L'après-midi, quand, d'un air de triomphe, vous vîntes montrer votre cahier d'écriture, et qu'on se le faisait passer froidement de main en main, sans vous donner les louanges que vous sembliez demander, comme vous le reprîtes d'un air d'humeur et de colère!

Enfin, le soir, lorsqu'en accompagnant Adélaïde sur le clavecin, les fausses mesures, que peut-être vous faisiez exprès, la déroutaient de son chant, elle vous pria doucement à l'oreille de toucher un peu plus juste, quelle mine hideuse vous fîtes alors à votre amie!

— Ah! de grâce, n'achevez pas, m'écriai-je en fondant en larmes; car ses paroles m'avaient pénétrée jusqu'au fond du cœur.

— C'était la vanité, repris-je, ce vice que vous n'osiez pas me nommer. Jamais je n'avais senti si vivement combien il est affreux.

Je ne pus en dire davantage; mais elle vit

bien ce qui se passait dans mon cœur. Ses bras agités me pressèrent contre son sein avec une tendresse que je ne saurais te peindre. Je sentais ses larmes couler sur mon visage, tandis que ses yeux étaient tournés vers le ciel.

L'éloquence de cette prière muette acheva de me troubler. Nous étions venues, sans nous en apercevoir, au pied de l'ormeau que voici. Nous étions debout auprès de ce banc de verdure. Je m'y laissai tomber à demi évanouie. Elle me prodigua les plus tendres secours, et ranima, par ses caresses, mes esprits abattus.

Comme nous étions prêtes à rentrer à la maison, je lui dis en l'embrassant :

— Séchez vos larmes, ma bonne amie, ce sont aujourd'hui les dernières que vous aurez à répandre sur mes défauts.

— Ma chère Agathe, me répondit-elle, vous ne pouviez me causer une plus grande joie pour le jour de ma fête que par cette noble résolution. C'est le bouquet le plus propre à nous parer l'une et l'autre, et j'espère qu'il ne se flétrira jamais.

Peu à peu nous devînmes toutes les deux

plus tranquilles. Elle me fit remarquer le repos délicieux de la matinée. Mon cœur sou-
lagé se trouvait en état de goûter les charmes
d'un beau jour.

Je sentis alors combien il est doux de trouver ce calme en soi-même. Je lui demandai
ses conseils pour entretenir mon cœur dans
cette riante sérénité. Deux heures s'écoulè-
rent ainsi rapidement dans un entretien d'amitié, de confiance et d'instructions touchantes.

Mon papa, sans m'en avertir, avait fait
préparer une petite fête. Nous la célébrâmes
avec toute la joie dont nos cœurs venaient de
se remplir. C'est depuis ce jour, ma chère
amie, que j'ai commencé à me guérir d'un
défaut si insupportable aux autres et à moi-
même. Je te laisse maintenant à penser si je
puis oublier, quand ce jour revient, de mar-
quer ma tendre reconnaissance à la digne
amie qui en a fait l'époque de mon bonheur.

— O ma chère Agathe, heureusement j'ai
du temps encore! Je veux lui préparer aussi
mon bouquet, pour avoir su doubler le plaisir
que je sentais à t'aimer.

LE FOURREAU DE SOIE.

La jeune Marthonie avait porté jusqu'à l'âge de huit ans de simples fourreaux de toile blanche. Des souliers unis de maroquin chaussaient ses pieds mignons. Sa chevelure d'ébène, abandonnée à ses caprices, flottait en boucles naturelles sur ses épaules.

Elle se trouva un jour en société avec d'autres petites demoiselles de son âge, qu'on avait déjà parées comme de grandes dames; et la richesse de leur habillement éveilla dans son cœur le premier sentiment de vanité.

— Ma chère maman, dit-elle en rentrant au logis, je viens de rencontrer les trois demoiselles de Floissac, dont l'aînée est encore plus jeune que moi. Ah! comme elles étaient joliment adonisées! Leurs parents doivent avoir bien du plaisir de les voir si brillantes! Vous êtes aussi riche que leur mère. Donnez-moi aussi, je vous prie, un fourreau de soie et des souliers brodés, et permettez qu'on donne un tour de frisure à mes cheveux.

— Je ne demande pas mieux, ma fille, si cela fait ton bonheur; mais je crains bien qu'avec toute cette élégance, tu ne sois plus aussi heureuse que tu l'as été jusqu'à présent dans la simplicité de tes habits.

— Et pourquoi donc, maman, je vous prie ?

— C'est qu'il te faudra vivre dans une frayeur continuelle de salir ou même de chiffonner tes ajustements. Une parure aussi recherchée que celle que tu désires, demande la plus excessive propreté, pour faire honneur à celle qui la porte. Une seule tache en ternirait tout l'éclat. Il n'y a pas moyen d'envoyer un fourreau de soie au blanchissage, pour lui rendre son premier lustre : et quelques richesses que tu me supposes, elles ne suffiraient pas à le renouveler tous les jours.

— Oh! si ce n'est que cela, maman, soyez tranquille, j'y veillerai de tous mes yeux.

— A la bonne heure, ma fille. Mais souviens-toi que je t'ai prévenue des chagrins que peut te coûter ta vanité.

Marthonie, insensible à la sagesse de cet avis, ne perdit pas un moment à détruire tout le bonheur de son enfance. Ses cheveux, qui

jusqu'alors avaient joui de leur aimable liberté, furent emprisonnés en d'étroites papil-
lotes, qu'on mit encore à la presse entre deux
fers brûlants ; et leur beau noir de jais, qui
relevait avec tant d'éclat la blancheur de son
front, disparut sous une couche de poudre
cendrée

Deux jours après, Marthonie eut un fourreau de taffetas du plus joli vert de pomme,
avec des nœuds de ruban rose tendre, et des
souliers de la même couleur, brodés en pail-
lettes. Le goût qui régnait dans ses habits,
leur fraîcheur et leur propreté, charmaient
les regards ; mais tous les membres de Marthonie y paraissaient à la gêne ; ses mouvements n'avaient plus leur aisance accoutumée ; et sa physionomie enfantine, au milieu
de tout cet appareil, semblait avoir perdu les
grâces de la candeur et de la naïveté.

La petite fille était cependant enchantée de
cette métamorphose. Ses yeux se promenaient
avec complaisance le long de toute sa petite
personne, et ne s'en écartaient que pour aller
chercher à la dérobée, dans l'appartement,
une glace qui pût lui retracer son idole.

Elle avait eu l'adresse de faire inviter ce jour-là, par sa maman, toutes ses jeunes amies, pour jouir de leur surprise et de leur admiration. Elle se pavanait fièrement devant elles, comme si elle était parvenue à la royauté, et qu'elles fussent soumises à son empire. Hélas! ce règne brillant eut une bien courte durée, et fut semé de bien des soucis!

On avait proposé aux enfants une promenade hors des murs de la ville. Marthonie se mit à leur tête, et l'on arriva bientôt dans une campagne délicieuse.

Une prairie verdoyante s'offrit la première a leurs regards. Elle était émaillée des plus jolies fleurs, autour desquelles voltigeaient des papillons, peints de mille couleurs bigarrées. Les petites demoiselles allèrent à la chasse des papillons. Elles les attrapaient avec adresse, sans les blesser, et lorsqu'elles avaient admiré leurs couleurs, elles les laissaient s'envoler, et suivaient des yeux leur vol inconstant. Elles cueillirent aussi des fleurs choisies, dont elles composaient les plus jolis bouquets.

Marthonie qui, par fierté, avait d'abord dé-

daigné ces amusements, voulut bientôt prendre sa part de la joie qu'ils inspiraient. Mais
on lui représenta que le gazon pouvait être
humide, et qu'il gâterait ses souliers et son
fourreau.

Elle fut donc obligée de rester toute seule
et sans bouger, tandis qu'elle voyait folâtrer
ensemble ses heureuses compagnes. Le plaisir de contempler sa robe vert de pomme était
bien triste en comparaison.

Au bout de la prairie, s'élevait un joli bosquet. On entendait, avant d'y arriver, le chant
des oiseaux, qui semblait inviter les voyageurs à venir y goûter la fraîcheur de son
ombrage. Les enfants y entrèrent en sautant
de joie. Marthonie voulait les suivre; mais
on lui dit que sa garniture de gaze serait dé-
chirée par tous les buissons. Elle voyait ses
amies jouer aux quatre coins, et se poursuivre
légèrement entre les arbres. Plus elle entendait de cris de plaisir, plus elle ressentait de
dépit et d'humeur.

Sophie, la plus jeune de ses compagnes,
qui la voyait de loin se désoler, eut pitié de
sa peine. Elle venait de trouver un endroit

couvert de fraises sauvages d'un goût exquis.
Elle lui fit signe de la venir joindre pour en
manger avec elle. Marthonie voulut l'aller
trouver; mais au premier pas qu'elle fit, un
cri de douleur remplit tout le bosquet. On accourut, et on trouva Marthonie accrochée par
les rubans et la gaze de son chapeau à une
branche d'aubépine, dont elle ne pouvait se
débarrasser. On se hâta de détacher les longues épingles qui tenaient le chapeau sur sa
tête ; mais comme ses cheveux crêpés se trouvaient aussi mêlés dans l'aventure, il lui en
coûta une boucle presque entière; et l'édifice
élégant de sa coiffure fut absolument renversé.

On n'aura pas de peine à imaginer combien
ses amies, qu'elle se plaisait à humilier par
le faste de sa parure, furent peu attristées de
ce fâcheux événement. Au lieu des consolations qu'elle aurait dû en attendre dans son
malheur, mille brocards malins furent lancés
contre elle. On la quitta bientôt pour aller
chercher de nouveaux plaisirs sur une colline
qui se présentait de loin à la vue.

Marthonie fut contrainte de rester en arrière : ses souliers étroits gênaient sa marche.

et son corset embarrassait sa respiration. Elle aurait bien souhaité alors être déjà rentrée à la maison pour se mettre à son aise; mais il n'était pas raisonnable d'exiger que toutes ses amies fussent privées, pour elle, de leurs amusements.

Elles étaient déjà montées sur le sommet de la colline, et jouissaient de la charmante perspective qu'un vaste horizon présentait à leurs yeux enchantés. On découvrait de toutes parts de vertes prairies, des champs couverts de riches moissons, des ruisseaux qui serpentaient dans la plaine, et dans l'éloignement une large rivière dont les bords étaient couronnés de superbes châteaux. Ce spectacle magnifique charmait leurs regards. Elles se récriaient de joie et d'admiration, tandis que la pauvre Marthonie, assise au pied de la colline, et n'ayant devant les yeux que d'horribles rochers, était rongée de tristesse et d'ennui.

Elle eut le temps de faire, dans sa solitude, des réflexions bien amères.

— Ah! se disait-elle en elle-même, à quoi me servent maintenant ces beaux habits?

Quels doux plaisirs ils m'empêchent de goûter ! et quelles douleurs ils me font souffrir !

Elle s'abandonnait à ces affligeantes pensées, lorsqu'elle entendit ses compagnes descendre précipitamment, et lui crier de loin :

— Viens, Marthonie, sauvons-nous, sauvons-nous ! voilà un orage terrible qui s'élève derrière la colline. Ta robe va être abîmée, si tu ne te dépêches de courir.

Marthonie sentit ses forces renaître, par la crainte du malheur dont e⋅ la menaçait. Elle oublia sa fatigue, ses meurtrissures et ses étouffements, pour hâter sa course. Mais malgré l'aiguillon dont elle était pressée, elle ne pouvait suivre que de loin ses compagnes, vêtues bien plus légèrement. D'ailleurs, elle était à tout moment arrêtée, tantôt par son panier dans les sentiers étroits, tantôt par sa queue traînante à travers les pierres et les ronces, tantôt par l'échafaudage de sa chevelure, sur laquelle l'impétuosité du vent faisait courber les branches des arbustes et des buissons.

Au même instant l'orage éclata dans toute sa fureur, et il tomba une pluie mêlée d'une

grêle épaisse, au moment précis où les autres
enfants venaient de regagner la maison de
leurs pères.

Enfin, Marthonie arriva trempée jusqu'aux
os. Elle avait laissé en chemin un de ses souliers dans la fange, et la tempête avait em-
porté son chapeau dans le milieu d'un bour-
bier.

On eut toutes les peines du monde à la déshabiller, tant la sueur et la pluie avaient collé
sa chemise sur son corps; et sa parure se
trouva perdue sans ressources.

— Veux-tu que je te fasse faire demain un
autre fourreau de soie? lui dit froidement sa
mère, en la voyant noyée dans les larmes.

— Oh! non, non, maman, répondit-elle en
se jetant dans ses bras. Je sens bien maintenant qu'une élégante parure ne rend pas plus
heureux. Laissez-moi reprendre mes premiers
habits, et pardonnez-moi ma folie.

Marthonie, avec les vêtements de l'enfance,
reprit sa modestie, ses grâces, sa liberté; et
sa maman n'eut point de regret à une perte
qui rendait à sa fille le bonheur que son imprudence et sa vanité allaient peut-être lui
ravir, sans cette malheureuse leçon.

LES CAQUETS.

Aurélie, quoique d'un naturel assez doux,
avait contracté un défaut bien cruel : c'était
de rapporter publiquement tout ce qu'elle
croyait remarquer de mauvais dans les autres. L'inexpérience de son â... lui faisait souvent interpréter d'une manière fâcheuse les
actions les plus innocentes. Un seul mot, une
apparence légère lui suffisaient pour former
d'injustes soupçons ; et à peine venaient-ils
de s'établir dans son esprit, qu'elle courait
les répandre comme des faits avérés. Elle y
ajoutait même quelquefois les circonstances
que lui avait prêtées son imagination, pour
se rendre la chose vraisemblable à elle-même.
Vous devez penser aisément combien de maux
furent produits par ses récits indiscrets.
D'abord toutes les familles de son quartier furent brouillées ensemble. La division se répandit ensuite dans chacune d'elles en particulier. Les maris et les femmes, les frères et
les sœurs, les maîtres et les domestiques

étaient dans un état de guerre continuel. La confiance était soudain bannie des sociétés où la petite fille entrait avec sa mère. On n'osait plus se permettre devant elle le moindre épanchement. Les personnes d'un caractère faible tremblaient en sa présence, et n'en étaient pas plus disposées à l'aimer. Celles qui avaient plus de fermeté dans l'esprit, lui adressaient des reproches terribles. On en vint bientôt à lui fermer toutes les maisons de la ville, comme à une malheureuse créature atteinte de la peste. Mais ni la haine ni les humiliations ne pouvaient la corriger d'un défaut dont l'habitude s'était déjà profondément enracinée dans son esprit.

Cette gloire était réservée à Dorothée, sa cousine, la seule qui voulût encore recevoir ses visites, ou répondre à ses invitations, dans l'espérance de la ramener d'un penchant qui l'entraînait au malheur de sa vie entière.

Aurélie était allée un jour la voir, et avait passé une heure ou deux à lui raconter des histoires malignes de toutes les jeunes demoiselles de sa connaissance, malgré le dégoût que Dorothée témoignait à l'écouter.

— Maintenant, ma petite cousine, lui dit-elle, lorsqu'elle eut fini faute de respiration, fais-moi aussi des histoires à ton tour. Tu vois une compagnie assez ridicule pour être en fonds d'anecdotes plaisantes.

— Ma chère Aurélie, lui répondit Dorothée, lorsque je vois mes amies, je me livre toute entière au plaisir de leur société, sans perdre ma joie à remarquer leurs défauts. J'en reconnais d'ailleurs un si grand nombre en moi-même, que je n'ai guère le temps de m'embarrasser de ceux des étrangers. Comme j'ai besoin de leur indulgence, je leur accorde toute la mienne. J'aime mieux fixer mon attention sur leurs bonnes qualités, afin de tâcher de les acquérir. Il me semble qu'il faut n'avoir rien à éclairer dans son propre cœur, pour porter le flambeau dans celui des autres. Je te félicite de cet état de perfection dont je suis malheureusement bien éloignée. Continue, ma chère cousine, ces nobles fonctions d'un censeur charitable, qui veut rappeler le genre humain à la vertu, en lui montrant la laideur du vice. Tu ne peux manquer de recueillir une bienveillance universelle pour des travaux si généreux.

Aurélie, qui se voyait devenue l'objet de la haine publique, sentit aisément les railleries piquantes de sa cousine. Elle commença, dès ce moment, à faire des réflexions sérieuses sur le danger de ses indiscrétions. Elle frémit d'horreur sur elle-même, en retraçant devant ses yeux tous les maux qu'elle avait causés, et résolut d'en arrêter le cours. Elle eut bien de la peine à se défaire de la coutume qu'elle avait prise, d'envisager les choses du côté seul qui pouvait fournir matière à des interprétations défavorables. Mais quelles difficultés peuvent résister à une ferme et courageuse résolution? Elle parvint enfin à ne tourner la pénétration de son esprit observateur que vers les objets dignes de ses éloges; et les jouissances odieuses de la malignité furent remplacées par une satisfaction bien plus pure et bien plus flatteuse. Elle était la première à présenter toutes les actions équivoques sous un point de vue qui les fît excuser. Lorsqu'elle ne pouvait se les offrir à elle-même avec des couleurs favorables : Peut-être, se

disait-elle, ne sais-je pas toutes les circonstances de cette aventure. On a eu sans doute
des motifs louables que j'ignore. Enfin, si le
cas n'était susceptible d'aucune indulgence,
elle plaignait le coupable, rejetait sa faute
sur une trop grande précipitation, ou sur
l'ignorance du mal qu'il pouvait commettre.

Cependant elle fut bien longtemps encore à
regagner les cœurs qu'elle avait aliénés. Elle
était déjà parvenue à l'âge de s'établir, et
personne ne se présentait pour l'épouser. On
l'avait évitée avec tant de soin pendant des
années entières, qu'on avait insensiblement
perdu son souvenir, comme si sa carrière eût
été finie pour le monde.

Elle se croyait déjà abandonnée, et réduite
à passer sa vie dans une triste solitude, pri-
vée des plaisirs d'un heureux mariage, et
d'une société choisie d'amis, lorsqu'un étranger fort riche, adressé à son père, l'ayant un
jour entendue prendre le parti d'un absent
qu'on accusait, fut si touché de la bonté d'un
caractère qui sympathisait avec le sien, qu'il
crut avoir trouvé la femme la plus propre à
faire son bonheur. Il demanda sa main à ses

parents, et mit à ses pieds la disposition de
son cœur et de sa fortune.

Aurélie, de plus en plus convaincue, par une
double expérience, des désagréments attachés
au penchant cruel de dévoiler les fautes de
ses semblables, et de la joie délicieuse qu'on
trouve dans sa propre estime et dans celle
des gens de bien, en excusant, par une tendre indulgence, les faiblesses de l'humanité,
propose tous les jours son exemple à ses enfants, pour les garantir du malheur dont elle
était prête à devenir la victime.

LES ÉGARDS ET LA COMPLAISANCE.

Emilie, Victoire, Joséphine et Sophie avaient
une gouvernante qui les aimait avec la tendresse d'une mère. Cette sage institutrice
s'appelait mademoiselle Boulon.

Son désir le plus ardent était que ses élè-
ves fussent bonnes, afin d'être heureuses; que
l'amitié donnât un nouveau charme aux plaisirs de leur enfance, et qu'elles en jouissent
sans trouble et sans altération.

Une tendre indulgence, et une justice ri-
goureuse, étaient les principes invariables de
sa conduite, soit qu'elle eût à pardonner, soit
qu'elle eût à récompenser ou à punir.

Elle goûtait avec une joie infinie les doux
fruits de ses leçons et de ses exemples.

Les quatre petites filles commencèrent à
être les enfants les plus heureuses de la terre.
Elles se remontraient doucement leurs fautes,
se pardonnaient leurs offenses, partageaient
toutes leurs joies, et ne pouvaient vivre l'une
sans l'autre.

Par quelle fatalité les enfants empoison-
nent-ils les sources de leur bonheur, à l'instant même où ils en goûtent les charmes? Et
de quel avantage il est pour eux de vivre
toujours sous un œil éclairé par la tendresse
et par la prudence!

Mademoiselle Boulon fut obligée de s'éloi-
gner pour quelque temps de ses disciples.
Des intérêts de famille l'appelaient en Bour-
gogne. Elle partit à regret, sacrifia quelques
avantages au désir de terminer promptement
ses affaires; et à peine un mois s'était écoulé.

5

qu'elle était déjà de retour auprès de son jeune troupeau.

Elle en fut reçue avec les transports de joie les plus vifs. Mais, hélas! quel changement funeste elle remarqua bientôt dans ces malheureuses enfants !

Si l'une demandait le plus léger service à une autre, celle-ci la refusait avec aigreur; de là suivaient des rebuffades et des querelles. La gaîté naïve qui présidait à leurs jeux, et qui assaisonnait jusqu'à leurs travaux, s'était changée en humeur et en mélancolie.

Au lieu de ces paroles de paix et d'union qui animaient leurs entretiens, on n'entendait que des gronderies éternelles. Joséphine témoignait-elle le désir d'aller jouer dans le jardin, ses sœurs trouvaient des raisons pour rester dans leur chambre. Enfin, c'était assez qu'une chose fît plaisir à l'une d'elles, pour déplaire sûrement à toutes les autres.

Un jour que, non contentes de se refuser toute espèce de complaisance, elles cherchaient encore à se mortifier par des reproches désagréables, mademoiselle Boulon, qui

était témoin de cette scène, en fut si affligée,
que les larmes lui vinrent aux yeux.

Elle n'eut pas la force de proférer une parole, et se retira dans son appartement pour
rêver aux moyens de rendre à ces petites in-
fortunées les plaisirs de la concorde et d'un
mutuel attachement.

Son esprit était encore occupé de ces affligeantes pensées, lorsque les enfants entrèrent
chez elle d'un air triste et grognon, en se
plaignant de ne pouvoir plus vivre contentes.
Chacune accusait les autres d'en être cause;
et elles pressèrent à l'envi leur gouvernante
de leur rendre le bonheur qu'elles avaient
perdu.

Mademoiselle Boulon les reçut avec un visage sérieux, et leur dit :

— Je vois que vous vous troublez mutuel-
lement dans vos plaisirs. Afin que cet incon-
vénient n'arrive pas davantage, chacune de
vous gardera, si elle veut, son coin dans cet
appartement, où elle jouera toute seule à sa
fantaisie. Vous pouvez commencer à jouir
pleinement de cette liberté, et je vous permets
de vous amuser ainsi toute la journée.

Les petites filles parurent enchantées de
cet arrangement. Chacune prit son coin, et
commença ses plaisirs.

La petite Sophie se mit à faire des contes à
sa poupée, mais la poupée ne savait que répondre : elle n'avait pas d'histoires à lui faire
à son tour, et ses sœurs jouaient dans leur
particulier.

Joséphine poussait un volant; mais personne n'applaudissait à son adresse, elle
n'avait personne pour le lui renvoyer, ses
sœurs jouaient dans leur particulier.

Émilie aurait bien voulu s'amuser à son jeu
favori, *je vous vends mon corbillon*. Mais à qui
le faire passer de main en main? Ses sœurs
jouaient dans leur particulier.

Victoire, très-entendue au jeu du ménage,
avait le projet de donner un grand repas à
ses amies. Elle devait envoyer au marché
faire des provisions. Mais qui charger de ses
ordres? Ses sœurs jouaient dans leur particulier.

Il en fut de même de tous les autres jeux
qu'elles essayèrent. Chacune aurait cru se
compromettre en se rapprochant des autres,

et gardait fièrement sa solitude et son ennui.
Cependant le jour allait finir. Elles retournè-
rent encore vers mademoiselle Boulon, en lui
demandant un moyen plus heureux que celui
dont elles venaient de faire l'épreuve.

— Je n'en sais qu'un, mes enfants, leur répondit-elle, que vous saviez vous-mêmes autrefois. Vous l'avez oublié. Mais, si vous le
désirez, je puis le rappeler aisément à votre
souvenir.

— Oh! nous le voulons de tout notre cœur!
s'écrièrent-elles ensemble; et elles étaient at-
tentives à saisir le premier mot qui sortirait
de sa bouche.

— C'est la complaisance et les égards que se
doivent des sœurs. O mes chères amies! combien vous vous êtes rendues malheureuses,
et moi aussi, depuis que vous l'avez oublié!

Elle s'arrêta à ces mots, interrompue par
ses soupirs; et des larmes de tendresse coulè-
rent le long de ses joues.

Les petites filles restaient étonnées et muet-
tes de confusion en sa présence. Elle leur ten-
dit les bras : elles s'y jetèrent, et lui promi-

rent de s'aimer et de s'accorder comme auparavant.

On ne vit plus dès ce jour aucun mouvement d'humeur troubler leur tendre intelli-
gence. Au lieu des brouilleries et des querelles, c'étaient des prévenances délicates qui
charmaient jusqu'aux témoins de leurs plaisirs.

Elles portent aujourd'hui cet aimable caractère dans la société, dont elles font les dé-
lices et l'ornement.

LES DOUCEURS DU TRAVAIL.

— Qu'as-tu donc, Victoire? tu parais bien
triste.

— Je le suis aussi, maman.

— Et pourquoi donc, ma fille? J'espérais te
voir revenir toute joyeuse de ta promenade.

— Elle m'a d'abord réjouie, mais en passant, à mon retour, devant la maison du menuisier, j'ai vu ses trois enfants assis sur la
porte, qui pleuraient à faire compassion. Ils
mouraient de faim.

— Comment cela est-il possible? Leur père a un bon métier; et il n'y a pas encore huit jours que je lui payai vingt écus pour des armoires qu'il a faites dans mon appartement.

— C'est ce que ma bonne a dit à une voisine qui était accourue aux cris des enfants, et qui leur donnait un morceau de pain.

— Et qu'a-t-elle répondu?

— Ce pauvre homme est bien à plaindre, a-t-elle dit. Il travaille nuit et jour, et n'en est pas plus riche. Sa femme est une si mauvaise ménagère! Elle n'entend rien de tout ce qu'une femme doit faire. Elle ne sait ni coudre, ni tricoter, ni filer; elle ne sait pas même tenir le linge en bon état. Si son mari veut mettre une chemise, il faut qu'il la fasse blanchir et raccommoder hors de la maison.

— Voilà qui est fort triste; et tu as raison d'être affligée de trouver une femme qui ne remplit aucun de ses devoirs. Dieu veuille que ce soit la seule qui se présente jamais à toi.

— Ah! ce n'est pas encore là tout. Ecoutez, ma chère maman. Comme elle ne sait s'occuper de rien, absolument de rien, l'oisiveté l'a conduite à s'adonner au vin. Lorsque le mari, après un rude travail, croit trouver une bonne soupe en rentrant chez lui, il trouve sa femme étendue ivre-morte dans son lit ; et ses enfants n'ont pas eu, souvent, de toute la journée, un morceau de pain à manger. Ne trouvez-vous pas ces petits malheureux bien à plaindre ?

— Je les plains comme toi, ma chère fille. Mais dans cette triste occasion, tu as eu l'avantage de faire une remarque dont l'utilité peut s'étendre sur toute ta vie.

— Et laquelle ? maman.

— C'est qu'une femme qui néglige les occupations de son sexe et de son état est la plus méprisable et la plus malheureuse créature qui soit au monde. Tu peux maintenant comprendre mieux que jamais pourquoi ton père et moi ne cessons de t'exhorter au travail.

— Oh ! oui, maman, je sens aujourd'hui combien vous m'aimez, en m'apprenant à travailler. Mais, dites-moi, je vous prie, les demoiselles riches et de condition ont-elles besoin d'apprendre tant de choses ? Lorsqu'elles sont mariées, n'ont-elles pas des femmes de chambre pour leur faire tout ce qu'elles désirent?

— Non, ma chère Victoire, le travail est d'une nécessité aussi indispensable pour elles que pour les enfants des pauvres. Je ne te parlerai pas des revers de fortune qui peuvent un jour ne laisser de moyens de subsistance à une femme que dans le travail de ses mains; ces révolutions sont cependant assez communes. Mais, dans l'état le plus brillant, au milieu d'une foule de domestiques empressés à s'occuper pour elle, ne doit-elle pas connaître par elle-même le travail, pour savoir les employer chacun selon son talent, n'exiger d'eux que ce qu'ils peuvent faire, pouvoir récompenser leur diligence en facilitant leur service, et se concilier de cette manière leur attachement et leur respect? Obligée, par son rang et sa richesse, d'occuper un grand nombre d'ouvriers, sans connaître le travail par elle-même, comment saura-t-elle apprécier celui des autres; ne pas retrancher du juste salaire de l'artisan utile, et se défendre des tromperies de l'artisan de luxe et de frivolités; satisfaire, d'un côté, la noble générosité de son

cœur, et prévenir de l'autre la ruine de sa
maison? Quel plaisir d'ailleurs pour une femme
sensible de se voir, elle et ses enfants, parés
de l'ouvrage de ses mains, d'employer le produit de cette économie à soulager les mala-
des, à nourrir les indigents, et à donner de
l'éducation à leurs enfants, pour qu'ils puissent soutenir leur famille!

— Ah! ne perdons pas un moment, je vous
prie. Instruisez-moi de tout cela, ma chère
maman.

— Je le ferai pour m'acquitter de mon devoir, et pour t'aider à remplir le vœu de la
nature et de la religion, pour te sauver surtout des dissipations dangereuses, dont l'oisiveté pourrait faire naître en toi le goût et le
besoin. Je le ferai pour te faire aimer le séjour
de ta maison, pour te rendre un jour agréable
aux yeux de ton mari et respectable aux yeux
de tes enfants; pour te ménager une distrac-
tion des chagrins qui pourraient t'accabler si
tu ne savais leur opposer cette diversion puis-
sante; enfin, pour t'assurer le calme d'une
bonne conscience, et te rendre heureuse dans
tous les moments de ta vie. Tu as vu, par

l'exemple de la femme du menuisier, dans
quel vice détestable peut conduire le désœuvrement. Que te dirai-je du dégoût et de l'ennui, les deux plus insupportables tourments
d'une femme! Je ne peux t'en donner qu'une
idée légère et proportionnée à ton intelli-
gence, dans l'histoire d'une petite fille de ton
âge.

— O ma chère maman! voyons vite l'histoire de cette petite fille.

— La voici :

Madame de Fayeuse aimait à s'occuper,
et ne passait jamais un quart d'heure de la
journée dans l'inaction.

Angélique, sa fille, avait bien de la peine à
l'en croire, lorsqu'elle lui parlait des plaisirs
du travail, et des désagréments attachés à
l'oisiveté. Il est vrai qu'elle travaillait toutes
les fois que sa mère le lui prescrivait, car elle
était accoutumée à l'obéissance; mais on imagine aisément combien peu elle était heureuse,
ne s'y portant jamais qu'avec dégoût.

— Ma chère fille, lui disait souvent madame
de Fayeuse en la voyant travailler la tête pen-
dante et les mains distraites, puisses-tu bien-

tôt éprouver toi-même l'ennui où jette le désœuvrement, et le bonheur qu'on se procure
par une douce occupation !

Ce vœu, inspiré par sa tendresse, ne tarda
pas à s'accomplir.

Angélique, alors âgée de onze ans, devait
un jour se rendre avec sa mère dans une maison de campagne éloignée de quelques lieues.
Madame de Fayeuse, à son départ, prit à son
bras un sac à ouvrage, et recommanda bien à
Angélique de ne pas oublier le sien. Angélique voulait obéir à sa mère ; mais avec quelle
facilité on perd la mémoire d'un devoir qu'on
ne remplit qu'avec répugnance ! Le sac à ouvrage fut oublié.

Le voyage s'annonça d'abord très-heureu-
sement. Le ciel était serein, toute la nature
semblait leur sourire. Mais, vers l'heure du
midi, les nuages s'amoncelèrent sur l'horizon,
le tonnerre traversait tout l'espace des cieux,
en roulant avec un horrible fracas. La frayeur
les obligea de descendre dans un village, et
l'instant d'après, une pluie bruyante se pré-
cipita par torrents sur la terre.

Comme les approches de l'orage avaient

forcé beaucoup de voyageurs de chercher un
asile dans l'hôtellerie, madame de Fayeuse et
sa fille ne purent y trouver une chambre pour
se reposer. Elles firent remiser leur voiture,
et se rendirent à pied chez une bonne vieille
du voisinage, qui leur céda honnêtement sa
chambre à coucher et son lit : c'était le seul
qu'elle avait.

Combien madame de Fayeuse s'applaudit
d'avoir porté son ouvrage! La bonne vieille
s'assit à son côté en filant sa quenouille; et
la longue soirée d'automne s'écoula, sans ennui pour elles, entre la conversation et le
travail.

La pauvre Angélique eut bien à souffrir
dans tout cet intervalle. La chaumière était
petite, et lorsqu'elle en eut visité tous les re-
coins, il ne lui restait plus rien absolument à
faire. La pluie, qui tombait toujours avec
grande abondance, ne lui permettait pas de
mettre le pied dans le jardin ; le bruit effrayant
du tonnerre lui ôtait l'envie de dormir, et les
discours de la vieille, qui ne savait parler que
de son travail, n'étaient guère propres à
l'amuser.

Elle voulut prier sa mère de lui céder un moment son ouvrage; mais madame de Fayeuse lui répondit, avec justice, qu'elle ne voulait pas s'ennuyer pour elle, qu'ayant eu l'attention de porter de quoi s'occuper, il était naturel qu'elle goûtât le fruit de sa prévoyance, et qu'elle, au contraire, portât la peine de sa négligence et de son oubli. Angélique n'eut rien à répondre à des raisons si fortes.

Après bien des bâillements d'ennui, des soupirs d'impatience, et des murmures très-inutiles contre le temps, Angélique enfin attrapa le bout de la soirée. Elle fit sans appétit un léger repas, et se mit au lit, bien mécontente de ses plaisirs.

Avec quelle joie elle se réveilla le lendemain aux premiers rayons d'un soleil sans nuage! Avec quelle ardeur elle pressa le moment du départ!

Enfin la voiture se trouva prête, et madame de Fayeuse, ayant généreusement récompensé la bonne vieille de ses secours, se remit en route, aussi satisfaite de la journée de la veille, qu'elle avait causé à Angélique d'humeur et de dépit.

La pluie avait rompu tous les chemins; l'eau qui les couvrait encore empêchait d'apercevoir les ornières; la voiture tombait d'un trou dans un autre; on entendait crier l'essieu et craquer les soupentes, enfin une roue se brisa, et la voiture fut renversée. Heureusement, ni madame de Fayeuse ni sa fille ne furent blessées dans la chute. Elles se remirent peu à peu de leur frayeur. On découvrait à quelque distance un joli hameau bâti sur le penchant d'une colline. Madame de Fayeuse prit d'une main celle de sa fille, passa l'autre sous le bras de son domestique, et s'achemina vers ce hameau, pour envoyer du secours à son cocher.

Il n'y avait dans cet endroit ni serrurier, ni charron. Il fallut attendre près de deux jours pour faire venir des roues de la ville.

La pauvre Angélique! comme elle pleurait! comme elle se plaignait de la longueur du temps! L'impression de frayeur qu'elle avait gardée de sa chute lui dérobait l'usage de ses jambes. Elle n'était pas en état de marcher.

Que pouvait madame de Fayeuse pour la distraire de son ennui ? La justice exacte qu'elle s'était imposée avec sa fille l'empêchait de lui céder son ouvrage ; et d'ailleurs Angélique avait si fort négligé de cultiver son talent pour la broderie, qu'elle aurait tout gâté.

Elle commença alors à sentir le prix du travail ; et toute honteuse, elle dit à sa mère :

— Ah ! maman, j'ai bien mérité ce qui m'arrive. Je comprends aujourd'hui, pour la première fois, pourquoi vous m'exhortiez si vivement au travail. J'ai bien senti l'ennui du désœuvrement ! Elle se jeta dans les bras de sa mère, et pressant sa main sur son cœur :

— Pardonnez-moi, maman, de vous avoir affligée par mon indolence. Je vous ai vue chagrine de me voir souffrir. Ah ! pour vous et pour moi, me voilà corrigée pour toute ma vie.

Madame de Fayeuse embrassa sa fille, la loua de sa résolution ; et profitant de la leçon qu'Angélique avait reçue d'elle-même, elle lui fit sentir combien le goût du travail nous sauve d'ennuis, et combien il peut adoucir les peines de la vie, en nous fournissant une dis-

traction agréable et salutaire. Elle bénit les
accidents d'un voyage qui avait opéré un
changement si heureux dans sa fille. Angélique tint la parole qu'elle lui avait donnée.
Elle alla même au-delà de ce qu'elle avait
promis, et madame de Fayeuse n'eut plus de
reproches à lui faire que sur l'excès de son
activité.

LA MONTRE.

.Au retour d'une visite qu'elle venait de rendre à l'une de ses meilleures amies, la jeune
Charlotte rentrait chez ses parents d'un air
triste et pensif. Elle trouva ses frères et ses
sœurs qui jouaient ensemble avec cette joie
vive et pure dont le ciel semble prendre plaisir à assaisonner les amusements de l'enfance.
Au lieu de se mêler à leurs jeux, et de les
animer par son enjouement naturel, seule
dans un coin de la chambre, elle paraissait
souffrir de l'air de gaîté qui régnait autour
d'elle, et ne répondait qu'avec humeur à toutes les agaceries innocentes qu'on lui faisait

pour la tirer de son abattement. Son père, qui l'aimait avec tendresse, fut très-inquiet de la voir dans un état si opposé à son caractère. Il la fit asseoir sur ses genoux, prit une de ses mains dans les siennes, et lui demanda ce qui l'affligeait.

— Ce n'est rien, rien du tout, mon papa, répondit-elle d'abord à toutes ses questions.

Mais enfin, pressée plus vivement, elle lui dit que toutes les petites demoiselles qu'elle venait de voir chez son amie avaient reçu de leurs parents de très-jolis cadeaux pour leur foire, quoique, sans vanité, aucune d'elles ne fût si avancée pour les talents et pour l'instruction. Elle cita surtout mademoiselle de Richebourg, à qui son oncle avait donné une montre d'or entourée de brillants. Oh! quel plaisir, ajouta-t-elle, d'avoir une si belle montre à son côté!

— Voilà donc le sujet de ta peine? lui dit monsieur de Fonrose en souriant; Dieu merci. je respire. Je te croyais attaquée d'un mal plus sérieux. Que voudrais-tu donc faire d'une montre, ma chère Charlotte?

— Eh! mon papa, ce qu'en font **les autres,**

je la porterais à ma ceinture, et je regarderais
à tout moment l'heure qu'il est.

— A tout moment? Tes quarts d'heure sont-
ils si précieux? ou est-ce que les jours de la
soumission et de l'obéissance te paraîtraient
si longs?

— Non, mon papa : vous m'avez dit souvent que je suis dans la saison la plus heureuse
de la vie

— Si ce n'est donc que pour savoir quelquefois où tu en es de la journée, n'as-tu pas
au bas de l'escalier une pendule qui peut te
l'apprendre au besoin?

— Oui; mais lorsqu'on est en haut bien occupée de ce que l'on fait, on ne l'entend pas
toujours sonner. On n'a pas toujours du monde
autour de soi pour leur demander l'heure. Il
faut se détourner et descendre. C'est du temps
perdu; au lieu qu'avec une montre, on voit
cela tout de suite, sans importuner personne,
et sans se déranger.

— Il est vrai que c'est fort commode, quand
ce ne serait que pour avertir ses maîtres que
l'heure de leur leçon est finie, lorsque, par
politesse ou par attachement, ils voudraient

bien la prolonger quelques minutes de plus.

— Quel plaisir vous prenez toujours à me désoler par votre badinage !

— Eh bien ! si tu veux que nous parlions plus sérieusement, avoue-moi avec franchise quel est le motif qui te fait désirer une montre avec tant d'ardeur.

— Je vous l'ai dit, mon papa.

— C'est le véritable que je demande. Tu sais que je ne me paie pas de raisons en paroles. Tu crains peut-être de te l'avouer. Je vais te l'apprendre, moi qui me pique envers toi d'une plus sincère amitié que toi-même. C'est pour que l'on s'écrie en passant à ton côté : Ho ! ho ! voyez quelle belle montre a cette petite demoiselle ! Il faut qu'elle soit bien riche ! Or, dis-moi si c'est une gloire bien flatteuse que de se faire croire plus riche que les autres, et d'étaler des choses plus brillantes aux yeux des passants ! As-tu jamais vu des gens raisonnables en considérer davantage une petite fille pour la richesse de son père? En considères-tu davantage celles qui sont plus riches que toi? En voyant une belle montre au côté d'une jeune personne que tu ne

connaîtrais pas, au lieu de dire : Voilà une
demoiselle d'un caractère bien estimable qui
porte cette montre ! tu dirais plutôt : Voilà une
montre d'un travail bien estimable que porte
cette demoiselle ! Si une montre peut faire
honneur, c'est à l'habileté de l'horloger qui
l'a faite, et au goût de celui qui l'a comman-
dée ou choisie. Mais pour celui qui la porte,
je ne lui dois que du mépris, s'il veut en tirer
vanité.

— Mais, mon papa, vous semblez toujours
me parler comme si c'était par ce motif que je
l'eusse désirée !

— Je ne te cacherai point que je le soup-
çonne terriblement. Tu ne veux pas en convenir encore, à la bonne heure. Je me flatte
de t'amener bientôt à cet aveu.

— Ne parlons point de cela, s'il vous plaît.
Mais il faut qu'une montre soit un meuble
bien utile, puisque vous en avez une, vous
qui êtes si philosophe.

— Il est vrai que je ne pourrais guère m'en
passer. Tu sais que les occupations de mon
cabinet sont interrompues par des devoirs pu-

blics qui demandent de l'exactitude et de la
ponctualité.

— Et moi, n'ai-je pas aussi vingt exercices
différents dans la journée? Que diriez-vous,
si je ne donnais pas à chacun la mesure du
temps qu'il exige?

— C'est juste. Tu vois que je ne suis pas
obstiné. Quand on m'allègue des raisons frap-
pantes, je m'y rends. Eh bien! ma chère fille,
tu auras une montre.

— Badinez-vous, mon papa?

— Non, certainement, et dès ce jour même;
pourvu que tu n'oublies pas de la prendre,
quand tu sortiras.

— Pouvez-vous me le demander? Oh! je
suis bien fâchée de ne l'avoir pas eue aujour-
d'hui, quand je suis allée chez mademoiselle
de Montreuil.

— Tu pourras y retourner demain.

— Oui, vous avez raison. Mademoiselle de
Richebourg y sera peut-être. Donnez, donnez,
mon papa.

— Tu sais ma chambre à coucher? A côté
de mon lit, tu trouveras une montre suspen-
due à la tapisserie. Elle est à toi.

— Quoi! cette grande patraque du temps
du roi Dagobert, qui lui servait peut-être de
casserole pour le dîner de ses chiens!

— Elle est fort bonne, je t'assure. On ne
les faisait pas autrement du vivant de mon
père. Je l'ai trouvée dans son héritage, et je
me faisais un devoir de la garder pour moi-
même. Mais en te la donnant, elle ne sortira
pas de la famille; et j'aurai plus souvent occasion de le rappeler à mon souvenir, en la
voyant tout le jour à ton côté.

— Oui; mais que diront ceux qui ne des-
cendent point de mon grand-papa?

— Eh! c'est là précisément où je t'atten-
dais. Tu vois que ce motif d'utilité que tu
m'alléguais avec tant d'importance, n'est
qu'un vain prétexte dont ta vanité cherchait
à se couvrir, puisque cette montre te rendrait
le même service que tu pourrais attendre
d'une montre d'or enrichie des plus beaux diamants. Pourquoi t'embarrasser des vains
propos des autres? D'ailleurs ils ne pourraient
que faire honneur à ton caractère. La solidité
de la montre passerait pour l'emblême de
celle de tes goûts.

.— Mais ne pourrais-je pas en avoir une qui fût en même temps solide et d'une forme agréable?

— Tu crois donc que cela ferait ton bonheur?

— Oui, mon papa, je me croirais fort heureuse.

— Je voudrais que ma fortune me permît de te convaincre, par ta propre expérience, combien la félicité qu'on attache à de pareilles bagatelles est frivole et passagère. Je parie que dans quinze jours tu ne regarderais guère plus ta montre; qu'au bout d'un mois tu oublierais de la monter; et que bientôt elle ne serait pas mieux réglée que ta folle imagination.

— Ne pariez point, mon papa, vous perdriez, j'en suis sûre.

— Aussi je ne veux pas parier; non par la crainte de perdre, mais parce qu'il faudrait risquer l'épreuve, et qu'elle pourrait te coûter pendant tout le reste de ta vie les plus cruels regrets.

— Ainsi vous pensez qu'une belle montre,

au lieu de faire mon bonheur, ne servirait
qu'à me rendre malheureuse?

— Si je le pense, ma fille? Tout notre bonheur sur la terre consiste à vivre satisfaits du
poste où nous a placés la Providence, et des
biens qu'elle nous a départis. Il n'est aucun
état si humble ou si élevé, dans lequel une
vaine ambition ne puisse nous faire accroire
qu'il nous faudrait encore ce qu'un autre pos-
sède auprès de nous. C'est elle qui va tourmenter le laboureur au sein de l'aisance, pour
lui faire jeter un œil d'envie sur quelques sil-
lons du champ de son voisin, tandis qu'elle
persuade au maître d'un vaste royaume que
les provinces qui le bornent manquent à ses
états pour les arrondir. De là naissent entre
les princes ces guerres cruelles qui désolent
la terre; et entre les particuliers, ces procès
ruineux qui les dévorent; ou ces haines de ja-
lousie qui les bourrèlent et les avilissent.
Quels étaient tes propres sentiments envers
mademoiselle de Richebourg, en regardant la
montre qu'elle étalait à son côté? Retrouvais-
tu dans ton cœur ces mouvements d'inclination qui te portaient autrefois vers le sien?

Lui aurais-tu rendu, dans ce moment, ces ser-
vices dont tu te serais fait hier une joie si
pure? Mais cette inimitié secrète que sa montre t'inspirait contre elle, ta montre ne l'ins-
pirerait-elle pas contre toi à tes meilleures
amies, et peut-être à tes frères et tes sœurs?
Vois cependant pour quelle méprisable jouissance de vanité tu aurais rompu les plus doux
nœuds du cœur et du sang, les plus tendres
affections de la nature? Pourrais-tu te croire
heureuse à ce prix?

— O mon papa, vous me faites frissonner!

— Eh bien! ma fille, ne forme donc plus
de ces souhaits déraisonnables qui troublent
ton repos? Que manque-t-il à tes véritables
besoins dans la condition où le ciel t'a fait
naître? N'as-tu pas une nourriture saine et
abondante, des vêtements propres et commo-
des pour toutes les saisons? Ne t'ai-je pas
donné des maîtres pour cultiver ton esprit,
tandis que je forme ton cœur, pour te procurer des talents agréables qui puissent un jour
faire rechercher ton commerce dans la société?
Tu veux aujourd'hui une montre d'or enrichie
de diamants! Si je te la donne, de quel œil

regarderas-tu demain ton collier et tes boucles d'oreilles de perles fausses? Ne faudra-t-il
pas que, pour te satisfaire, je les change bientôt en pierres précieuses? Encore te faudra-t-
il, de plus, des dentelles, de riches étoffes, et
des femmes pour te servir. On ne va point à
pied dans les rues avec un pompeux attirail
de parure. Elle exige un grand nombre de domestiques, une voiture brillante, de superbes
chevaux. Tu me les demanderais. Il ne te
manquerait plus rien alors, il est vrai, pour te
produire dans les assemblées, et visiter les
personnes du plus haut rang. Mais, pour les
recevoir à ton tour, ne te faudrait-il pas un
hôtel magnifique, une table splendide et des
ameublements précieux? Vois combien une
première fantaisie satisfaite engendre d'in-
nombrables besoins. Ils vont toujours ainsi
en s'accroissant, jusqu'à ce que, pour avoir
voulu s'élever un moment au-dessus de son
état, on retombe pour toujours au-dessous
des plus étroites nécessités de la vie. Tourne
les yeux autour de toi, et regarde combien
de personnes gémissent aujourd'hui dans la
plus affreuse misère, qui consumaient hier

peut-être les derniers débris d'une fortune
suffisante pour leur bonheur. Pense à ce qui
te serait arrivé à toi, à tes sœurs et à tes frères, si ma tendresse et mes réflexions ne
m'avaient fait profiter, pour votre avantage
de toutes ces déplorables expériences. Il m'a
souvent été pénible d'aller à pied dans les
rues. Un bon carrosse aurait peut-être ménagé
mes forces autant qu'il aurait flatté ma vanité.
En employant à cette dépense ce qu'il m'en
coûte pour votre entretien, votre instruction
et vos plaisirs, j'aurais été en état de la soutenir pendant quelques années. Mais enfin,
quel aurait été mon sort et le vôtre? Je vous
aurais vu croître dans le désordre et la stupi-
dité. Je n'aurais pu attendre de vous, dans
ma vieillesse, des soins que je vous aurais re-
fusés dans votre enfance. Pour quelques jours
passés dans l'éclat insolent du luxe, j'aurais
langui longtemps dans les mépris d'une juste
misère. De quel front aurais-je cru pouvoir
répondre à l'Eternel sur les devoirs qu'il
m'impose envers vous, lorsque je ne vous aurais laissé pour héritage que l'exemple de
mon **indigne** conduite? J'aurais fini ma vie

dans les convulsions du remords, du désespoir et de la terreur; et vos malédictions m'auraient poursuivi jusqu'au delà de ma tombe.

— O mon papa! quelle était ma folie! s'écria Charlotte en se jetant à son cou. Non, non, je ne veux plus de montre; et si j'en avais une, je vous la rendrais à l'instant.

Monsieur de Fonrose, charmé de voir le cœur de sa fille s'ouvrir avec tant de franchise aux impressions du sentiment et de la raison, l'accabla de caresses.

Dès cet heureux jour, Charlotte reprit sa première gaîté; et lorsqu'elle voyait quelques bijoux précieux à l'une de ses jeunes compagnes, elle était bien plus tentée de la plaindre que de lui porter la plus légère envie.

LE SERIN.

— Serins à vendre! qui veut acheter des serins, de jolis serins?

Ainsi criait un homme en passant devant la maison de Joséphine. Joséphine l'entendit: elle courut à la fenêtre, et regarda de tous cô-

tés dans la rue. C'était un marchand d'oiseaux, qui en portait une grande cage sur sa
tête. Elle était toute pleine de serins. Ils sau-
tillaient si légèrement sur les bâtons, et ga-
zouillaient si joliment, que Joséphine, empor-
tée par sa curiosité, faillit se précipiter par
la fenêtre, pour les voir de plus près.

— Voulez-vous acheter un serin, Mademoiselle? cria l'oiseleur.

— Peut-être bien, lui répondit Joséphine;
cela ne dépend pas tout-à-fait de moi; atten-
dez un peu, je vais en demander la permission
à mon papa.

L'oiseleur lui promit d'attendre. Il y avait
une large borne de l'autre côté de la rue : il y
déposa sa cage, et se tint debout à côté. Joséphine, dans cet intervalle, courut à la chambre de son père; elle y entra tout essoufflée,
en lui criant :

— Venez vite, mon papa; venez, venez.

— Et qu'y a-t-il donc de si pressé?

— C'est un homme qui vend des serins : il
en a, je crois, plus d'un cent; une grande cage
toute pleine, qu'il porte sur sa tête.

— Et pourquoi en as-tu tant de joie?

— Ah! mon papa! c'est que je veux... c'est-à-dire, si vous me le permettez, je voudrais bien en acheter un.

— Et as-tu de l'argent?

— Oh! j'en ai assez dans ma bourse.

— Mais qui nourrira ce pauvre oiseau?

— Moi, moi, mon papa. Vous verrez; il sera bien aise de m'appartenir.

— Ah! je crains bien...

— Et quoi donc?

— Que tu ne le laisses mourir de soif ou de faim.

— Moi, le laisser mourir de soif ou de faim? Oh! non, certainement. Je ne toucherai jamais à mon déjeuner avant que mon oiseau ait eu le sien.

— Joséphine, Joséphine, tu es bien étourdie; tu n'as qu'à l'oublier un jour seulement.

Joséphine donna de si belles paroles à son père; elle lui fit tant de caresses, et le tiraillia si fort par le pan de son habit, que monsieur de Gourcy voulut bien céder à l'envie de sa fille. Il traversa la rue en la tenant par la main. Ils arrivèrent à la cage, et choisirent le plus beau serin de toute la volière. C'était un

mâle du jaune le plus brillant, avec une petite
houppe noire sur la tête. Qui fut jamais plus
content que ne l'était alors Joséphine ? Elle
présenta sa bourse à son père, pour qu'il y
prît de quoi payer l'oiseau. Monsieur de
Gourcy tira de la sienne de quoi acheter une
belle cage, garnie d'une mangeoire et d'un
abreuvoir de cristal.

Joséphine n'eut pas plus tôt installé le serin
dans son petit palais, qu'elle courut par toute
la maison, en appelant sa mère, ses sœurs,
tous les domestiques, et leur montrant l'oiseau que son père avait bien voulu lui acheter. Lorsqu'il venait quelqu'une de ses petites amies, les premiers mots qu'elle leur disait, c'était :

— Savez-vous bien que j'ai le plus joli serin de tout Paris? il est jaune comme de l'or,
et il a un panache noir, comme les plumes
du chapeau de maman. C'est un mâle. Venez,
venez, je vais vous le montrer; il s'appelle
Mimi.

Mimi se trouvait fort bien des soins de Joséphine. Elle ne songeait, en se levant, qu'à
lui donner du grain nouveau, et de l'eau bien

pure. Lorsqu'on servait des biscuits sur la table de son père, la part de Mimi était faite la première. Elle avait toujours en réserve des morceaux de sucre pour lui. La cage était garnie de tous côtés de mouron frais, et de grappes de millet. Mimi ne fut pas ingrat à tant d'attentions : il apprit à distinguer Joséphine ; et, au premier pas qu'elle faisait dans la chambre, c'était des battements d'ailes et des *cuic, cuic*, qui ne finissaient pas. Joséphine le mangeait de baisers.

Au bout de huit jours, il commença à chanter : il se faisait lui-même des airs fort jolis. Quelquefois il roulait si longtemps sa voix dans son gosier, qu'on aurait cru qu'il allait tomber expirant de fatigue au bout de ses cadences. Puis, après s'être interrompu un moment, il recommençait de plus belle, et d'un ton si fort et si brillant, qu'on l'entendait dans toute la maison.

Joséphine passait des heures entières à l'écouter, assise auprès de sa cage. Elle laissait quelquefois tomber son ouvrage de ses mains pour le regarder ; et lorsqu'il l'avait régalée d'une jolie chanson, elle le régalait à son tour d'un air de serinette, qu'il cherchait ensuite à répéter.

Cependant Joséphine s'accoutuma peu à peu à ces plaisirs. Son père lui fit un jour présent d'un livre d'estampes. Elle en fut si agréablement occupée, que Mimi en fut un peu négligé. *Cuic, cuic,* disait-il toujours d'aussi loin qu'il voyait Joséphine : Joséphine ne l'entendait plus.

Près de huit jours s'étaient écoulés sans qu'il eût ni mouron frais ni biscuit. Il répétait les plus jolis airs que Joséphine lui eût appris; il en composait de nouveaux pour elle; tout cela inutilement : vraiment, Joséphine avait bien d'autres choses en tête.

Le jour de sa fête était arrivé. Son parrain lui avait donné une grande poupée qui allait sur des roulettes. Cette poupée, qu'elle appelait Colombine, acheva de faire oublier Mimi. Depuis l'instant qu'elle se levait jusqu'au soir, elle ne s'occupait qu'à habiller et à déshabiller cent fois mademoiselle Colombine, à lui parler, et à la promener dans la chambre. Le pauvre oiseau était encore bien content, lorsqu'on lui donnait sur la fin du jour quelque nourriture.

Quelquefois il lui arrivait d'attendre jusqu'au lendemain.

Enfin, un jour monsieur de Gourcy étant à table, et tournant par hasard les yeux vers la cage, vit que le serin était couché sur le ventre, et qu'il haletait avec peine. Ses plumes étaient hérissées, et il paraissait rond comme un peloton. Monsieur de Gourcy s'approche ; plus de ces *cuic, cuic* d'amitié : la pauvre bête avait à peine assez de force pour respirer.

— Joséphine ! s'écria monsieur de Gourcy, qu'a donc ton serin ?

Joséphine rougit.

— Ah ! mon papa, c'est que j'ai... c'est que j'ai oublié... Elle alla toute tremblante chercher la boîte de millet.

Monsieur de Gourcy décrocha la cage, et visita la mangeoire et l'abreuvoir. Hélas ! Mimi n'avait plus un seul grain, pas une goutte d'eau.

— Ah ! mon pauvre oiseau ! s'écria monsieur de Gourcy, tu es tombé en des mains bien cruelles. Si je l'avais prévu, je ne t'aurais jamais acheté.

Toute la compagnie, qui était à table, se leva en frappant dans ses mains, et en s'écriant : Le pauvre oiseau !

Monsieur de Gourcy mit du grain dans la mangeoire, et remplit l'abreuvoir d'eau fraîche : il eut bien de la peine à rappeler Mimi à la vie.

Joséphine sortit de table, monta dans sa chambre en pleurant, et mouilla tout un mouchoir de ses larmes.

Le lendemain, monsieur de Gourcy ordonna qu'on emportât l'oiseau hors de la maison, et qu'on en fît présent au fils de monsieur de Marsay, son voisin, qui passait pour un enfant très-soigneux, et qui aurait pour lui plus d'attentions que Joséphine. Il aurait fallu entendre les regrets et les plaintes de la petite fille.

— Ah! mon cher oiseau, mon pauvre Mimi! Tenez, je vous le promets bien, mon papa, je ne l'oublierai jamais un seul instant de ma vie ; laissez-le moi encore pour cette fois.

Monsieur de Gourcy se laissa enfin toucher par les prières de Joséphine, et lui rendit le serin. Ce ne fut pas sans lui faire une réprimande sévère, et des exhortations pressantes pour l'avenir.

— Cette pauvre bête, lui dit-il, est renfermée, et n'est pas en état de pourvoir elle-même à ses besoins. Lorsqu'il te manque quelque chose, tu peux le demander; mais Mimi ne sait pas faire entendre son langage. Si tu lui laisses encore souffrir ou la soif, ou la faim...

A ces mots, un torrent de larmes coula sur les joues de Joséphine. Elle prit les mains de son papa et les baisa, mais la douleur l'empêcha de proférer une parole.

Voilà Joséphine maîtresse une seconde fois de Mimi, et Mimi réconcilié de bon cœur avec Joséphine. Un mois après, monsieur de Gourcy fut obligé d'entreprendre un voyage de quelques jours avec sa femme.

— Joséphine, Joséphine, dit-il en partant à sa fille, je te recommande bien le pauvre Mimi.

A peine ses parents furent-ils entrés dans la voiture, que Joséphine courut à la cage, et pourvut soigneusement l'oiseau de tout ce qui lui était nécessaire. Quelques heures après, elle commença à s'ennuyer; elle envoya chercher ses petites amies, et sa gaieté revint : elles allèrent ensemble à la promenade, et à leur retour elles passèrent une partie de la soirée à jouer à colin-maillard et aux quatre coins; la danse vint ensuite. Enfin, la petite compagnie se sépara fort tard, et Joséphine se mit au lit harassée de fatigue.

Le lendemain, dès la pointe du jour, elle se réveilla en pensant aux amusements de la veille. Si sa gouvernante avait voulu l'en croire, elle aurait couru, en se levant, chez les demoiselles de Saint-Maur : il fallut attendre jusqu'à l'après-dîner; mais à peine eut-elle achevé son repas, qu'elle se fit conduire chez ces demoiselles.

Et Mimi? Il fut obligé de rester seul et de jeûner.

Le jour suivant se passa aussi dans les plaisirs.

Et Mimi? Il fut encore oublié. Il en fut de même du troisième jour.

Et Mimi? Qui aurait pensé à lui dans toutes ces dissipations?

Le quatrième jour, monsieur et madame de Gourcy revinrent de leur voyage. Joséphine ne s'était guère occupée de leur retour. A peine son père l'eut-il embrassée et se fut-il informé de sa santé, qu'il lui dit :

— Comment se porte Mimi?

— Fort bien, s'écria Joséphine un peu surprise; et elle courut vers la cage pour apporter l'oiseau. Hélas! la pauvre bête ne vivait plus : elle était couchée sur le ventre, les ailes étendues et le bec ouvert.

Joséphine poussa un grand cri et se tordit les mains. Toute la famille accourut, et fut témoin de ce malheur.

—Ah! mon pauvre oiseau! s'écria monsieur de Gourcy, que ta mort a été douloureuse! Si je t'avais étouffé le jour de mon départ, tu n'aurais eu qu'un moment à souffrir, au lieu que tu as enduré pendant plusieurs jours les tourments de la faim et de la soif, et que tu es mort dans une longue et cruelle agonie. Tu es encore bien heureux d'être délivré des mains d'une gardienne si impitoyable.

Joséphine aurait voulu se cacher dans les

entrailles de la terre : elle aurait donné tous ses *joujoux* et toutes ses épargnes pour racheter la vie à Mimi ; mais tout cela était alors inutile.

Monsieur de Gourcy prit l'oiseau, le fit vider et remplir de paille, et le suspendit au plancher. Joséphine n'osait y porter ses regards . les larmes lui venaient aux yeux toutes les fois que, par hasard, elle l'apercevait ; elle priait chaque jour son père de l'ôter de sa vue.

Monsieur de Gourcy n'y consentit qu'après bien des instances. Toutes les fois qu'il échappait à Joséphine quelque trait d'étourderie et de légèreté, l'oiseau était remis à sa place, et elle entendait dire à tout le monde :

— Pauvre Mimi, tu as souffert une mort bien cruelle !

LES CERISES.

Julie et Firmin obtinrent un jour de madame Dumesnil, leur maman, la permission d'aller jouer seuls dans le jardin. Ils avaient mérité cette confiance par leur réserve et par leur discrétion.

Ils jouèrent pendant quelque temps avec cette gaîté paisible à laquelle il est si facile de reconnaître les enfants bien élevés.

Contre les murs du jardin étaient palissadés plusieurs arbres, parmi lesquels on distinguait un jeune cerisier qui portait pour la première fois. Ses fruits se trouvaient en très-petite quantité ; mais ils n'en étaient que plus beaux. Madame Dumesnil n'en avait point voulu cueillir, quoiqu'ils fussent déjà mûrs : elle les réservait pour le retour de son mari, qui devait ce jour même arriver d'un long voyage.

Comme ses enfants étaient accoutumés à l'obéissance, et qu'elle leur avait sévèrement défendu, une fois pour toutes, de cueillir d'aucune espèce de fruits du jardin, ou de ramasser même ceux qu'ils trouveraient à terre pour les manger sans sa permission, elle avait cru inutile de leur parler du cerisier.

Lorsque Julie et Firmin se furent assez exercés à la course sur la terrasse, ils se promenèrent lentement le long des murs du ver-

ger. Ils regardaient les beaux fruits suspen-
dus aux arbres, et s'en réjouissaient.

Ils arrivèrent bientôt devant le cerisier.
Une légère secousse de vent avait fait tomber
à ses pieds toutes ses plus belles cerises. Firmin fut le premier à les voir; il les ramassa,
mangea les unes, et donna les autres à sa
sœur, qui les mangea aussi. Ils en avaient
encore les noyaux dans la bouche, lorsque Julie se rappela la défense que leur avait faite
leur maman, de manger d'autres fruits que
ceux qu'on leur donnait.

— Ah! mon frère, s'écria-t-elle, nous avons
été désobéissants, et maman se fâchera contre nous. Qu'allons-nous faire?

— Maman n'en saura rien, si nous voulons.

— Non, non, il faut qu'elle le sache. Tu
sais qu'elle nous pardonne souvent les plus
grandes fautes, lorsque nous allons les lui
avouer de nous-mêmes.

— Oui : mais nous avons été désobéissants,
et jamais elle n'a pardonné la désobéissance.

— Lorsqu'elle nous punit, c'est par tendresse pour nous; et alors il ne nous arrive

plus de si tôt d'oublier ce qui nous est permis et ce qui nous est défendu.

— Oui, ma sœur; mais elle est toujours fâchée de nous punir, et cela me ferait de la peine de la voir fâchée.

— Et à moi aussi. Mais ne le sera-t-elle pas encore davantage, si elle vient à découvrir que nous avons voulu lui cacher notre faute? Oserons-nous la regarder en face, lorsque nous entendrons un reproche secret dans notre cœur? Ne rougirons-nous point lorsqu'elle nous caressera, lorsqu'elle nous appellera ses chers enfants, et que nous ne le mériterons plus?

— Ah! ma sœur, que nous serions de petits monstres! Allons, allons la trouver, et lui dire ce qui nous est arrivé.

Ils s'embrassèrent l'un et l'autre, et ils allèrent trouver leur maman en se tenant par la main.

— Ma chère maman, dit Julie, nous avions oublié vos défenses. Punissez-nous comme nous l'avons mérité, mais ne vous mettez point en colère; nous aurions de la peine si cela vous donnait du chagrin.

Julie alors lui raconta la chose comme elle s'était passée, et sans chercher à s'excuser. Madame Dumesnil fut si touchée de la candeur de ses enfants, qu'il lui en échappa des larmes de tendresse. Elle ne voulut les punir de leur faute qu'en leur en accordant le généreux pardon. Elle savait bien que sur des enfants nés avec une belle âme, le souvenir des bontés d'une mère fait une impression plus profonde que celui de ses châtiments.

CAROLINE.

La petite Caroline jouait un jour auprès de sa mère, occupée en ce moment à écrire quelques lettres. Le coiffeur étant arrivé, madame R..... lui dit de passer dans le cabinet de toilette voisin avec Caroline, et de donner un coup de ciseau à ses cheveux. Au lieu d'un coup de ciseau, le coiffeur en donna tant et tant, que la tête de la petite fille fut entièrement dépouillée. Sa mère entra dans le moment où l'on venait d'achever cette malheureuse opération.

— Ah! ma pauvre Caroline, dit-elle en jetant un cri, tes beaux cheveux perdus!

— Maman, lui répondit naïvement Caroline, ne t'afflige pas, ils ne sont pas perdus;
on les a mis dans le tiroir.

Les vacances dernières, pendant son séjour
à la campagne, on servit à dîner un poulet.
Madame R...., seule avec ses enfants, après
en avoir donné à sa fille aînée, en présenta
un morceau à Caroline.

— Non, maman, répondit-elle avec un sou-
pir, je n'en mangerai pas.

— Et pourquoi donc, ma fille?

— Maman, c'est que nous nous voyions tous
les jours, et que nous vivions familièrement
ensemble.

— Mais ta sœur en mange.

— Oh! ma sœur peut bien en manger : elle
ne le connaissait pas autant que moi.

Que ne doit-on pas espérer d'une enfant née
avec un esprit si ingénu, et un cœur si tendre!

—

EUGÉNIE.

Madame P..., jeune femme aussi distinguée par les grâces et la tournure piquante de son esprit, que par la délicatesse de ses sentiments et la force de son caractère, reprenait un jour Pauline, sa fille aînée, d'une légèreté bien pardonnable à son âge. Pauline, touchée de la douceur que sa mère mettait dans ses reproches, versait des larmes de repentir et d'attendrissement. Eugénie, âgée alors de trois ans, voyant pleurer sa sœur, grimpe sur les barreaux d'une chaise pour atteindre jusqu'à elle, d'une main prend son mouchoir dont elle lui essuie les yeux, et de l'autre lui glisse dans la bouche un bonbon qu'elle roulait dans la sienne. Il me semble que monsieur Greuse pourrait faire un tableau charmant de ce sujet.

FIN.

TABLE

—

La petite Fille grognon.   5
Clémentine et Madelon.   10
Philippine et Maximin.   31
La petite Fille trompée par sa servante.   36
La petite Babillarde.   53
L'Orpheline bienfaisante.   60
George et Cécile.   64
Le Bouquet qui ne se flétrit jamais.   72
Le Fourreau de soie.   82
Les Caquets.   91
Les Egards et la Complaisance.   96
Les douceurs du Travail.   102
La Montre.   113
Le Serin.   125
Les Cerises.   136
Caroline.   140
Eugénie.   142

FIN DE LA TABLE.

Limoges. — Imp. Eugèn; Ardant et Cᵉ

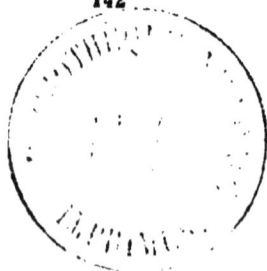

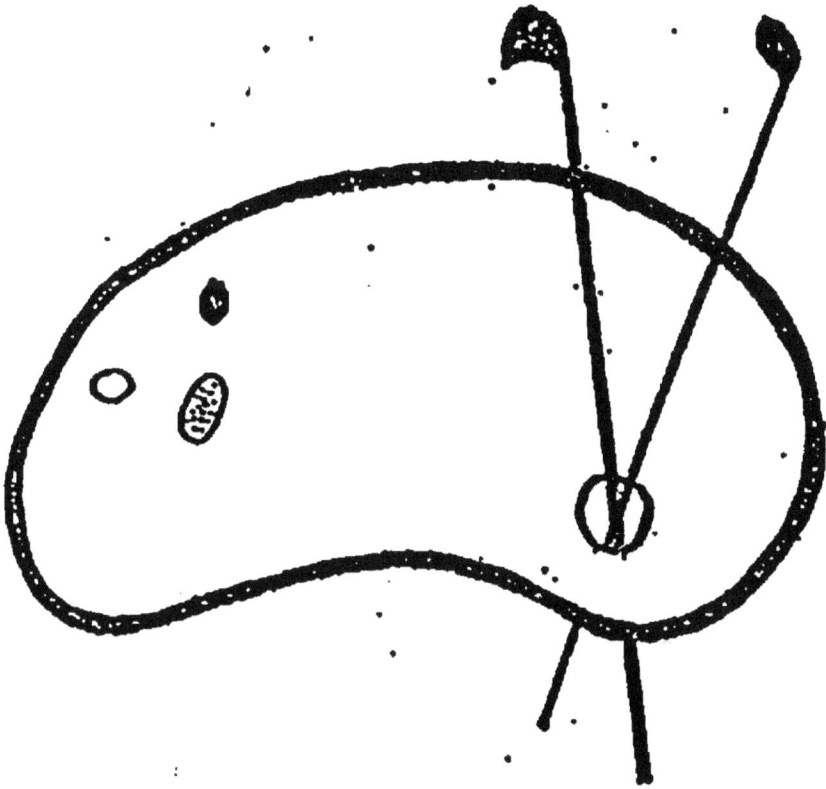